1 MONTH OF
FREE
READING

at
www.ForgottenBooks.com

By purchasing this book you are eligible for one month membership to ForgottenBooks.com, giving you unlimited access to our entire collection of over 700,000 titles via our web site and mobile apps.

To claim your free month visit:
www.forgottenbooks.com/free595049

ISBN 978-0-656-04543-3
PIBN 10595049

Die Bücher der Wünschelrute
Herausgegeben von Otto M. Mittler

Wieland / Komische Erzählungen,
Kombabus

Ch. M. Wieland
Komische Erzählu
Kombab

Musarion Verlag München

Herausgegeben und eingeleitet von
Otto M. Mittler

Federzeichnungen von Alphons Woelfle

Alle Rechte vorbehalten

München 1920

Einleitung

Dem Kritiker von Wielands „Komiſchen Erzählungen" gibt Goethe zu bedenken, „daß man vor allen Dingen bei Beurteilung ſolcher parodiſtiſchen Werke den originalen, edlen, ſchönen Gegenſtand vor Augen haben müſſe, um zu ſehen, ob der Parodiſt ihm wirklich eine ſchwache und komiſche Seite abgewonnen, ob er ihm etwas geborgt oder, unter dem Schein einer ſolchen Nachahmung, vielleicht gar ſelbſt eine treffliche Erfindung geliefert" habe. Unverſehens, gleichſam durch poetiſche Hexerei wird in der ſchalkhaften Dichtung der Gegenſtand vertauſcht und dieſes Quiproquo durch den ſcheinbaren Widerſpruch zwiſchen Stoff und Behandlung bemäntelt, während der wirkliche Widerſpruch zwiſchen dem urſprünglichen und dem untergeſchobenen neuen Gegenſtande den unbewußten Vergleich herausfordert, durch den die komiſche Wirkung ausgelöſt wird. Die ewiglebenden, unbekümmerten Götter Homers ſind unerreichbar für den irdiſchen Spott, der aber an den menſchlichen Tugenden, die in den Olympiern verkörpert und verklärt ſind, eine ergiebige Beute findet, wenn dieſe Tugenden, des göttlichen Ebenmaßes entkleidet, in ihr Gegenteil umzuſchlagen im Begriffe ſind.

Der ernſte Dichter bejaht mit dem Stoff auch die Grenzen,

in die er ihn mit unerbittlicher Konsequenz zu zwingen hat. Der Schalk ist ein Geist, der stets verneint: Im Pfadlosen, nur von seiner Anmut geleitet, aber aller anderen Gesetze spottend, balanciert er zwischen dem Erhabenen und dem Lächerlichen, ohne jemals den verhängnisvollen Schritt zu tun, das Erhabene lächerlich, das Lächerliche erhaben deuten zu wollen. Das erste macht den plumpen Narren, das zweite den Pedanten aus, und wie der Schalk mit sicherem Geschmack die rechte Mitte zwischen beiden hält, so ist er jenem unverständlich, diesem ein rechtes Ärgernis: Denn Liebenswürdigkeit kann nur von Menschen gewürdigt werden, die selber liebenswürdig sind.

Kein andrer deutscher Dichter wußte Geschmack und Liebenswürdigkeit in so glücklichem Maße zu vereinen wie Ch. M. Wieland. „Er hatte,“ sagt Goethe, „sich früh in jenen ideellen Regionen ausgebildet, wo die Jugend so gern verweilt; da ihm aber diese durch das, was man Erfahrung nennt, durch Begegnisse mit Welt und Weibern verleidet wurden, so warf er sich auf die Seite des Wirklichen und gefiel sich und anderen im Widerstreit beider Welten, wo sich zwischen Scherz und Ernst, im leichten Gefecht, sein Talent am allerschönsten zeigte.“

Dieser „Widerstreit beider Welten“ tritt in der Erotik am deutlichsten in Erscheinung, und wie der Konflikt in Wielands „Musarion“ die reizvollste Behandlung, die versöhnlichste Lösung erfährt, so ist er schon in den „Komischen Erzählun=

8

gen" das Leitmotiv, ob es sich nun um die nicht ungerührte Keuschheit Lunas, die nicht unfehlbare Sittenstrenge Junos, die nicht unbestechliche Richterwürde des Paris oder schließlich um das einzige Mittel handle, das der edle Kombabus zu finden weiß, um seinem König und seiner Königin zugleich in unverletzter Treue zu dienen.

Die Launen des Liebesgottes stellen manchen vor die Wahl, zu lachen oder sich lächerlich zu machen, und die zeitgenössischen und späteren Kritiker, die Wieland der Frivolität oder gar — horribile dictu — der Laszivität beschuldigten, haben für sich im anderen Sinne gewählt als der Dichter, der mit unendlicher Anmut und Versöhnlichkeit zu lachen wußte. Durch sein Leben und Wirken beglaubigt, steht Wielands hoher sittlicher Ernst unantastbar fest: er hatte sich schwer zu der Erkenntnis der Notwendigkeit von Kompromissen durchgerungen. Um so rührender ist die Schlichtheit und Heiterkeit, mit der er eingesteht: „Wenn ich mich zu schämen habe, so ist es aller der puerilen Extravaganzen, wozu mich die platonische Schwärmerei meiner Jugend verleitet hat."*)

Worin diese „puerilen Extravaganzen", diese „platonische Schwärmerei" bestanden, auf welchem Wege „der freimütige, heuchellose Wieland, dem der Himmel zur Leier des Apollo das erhabene Wohlwollen dieses Gottes gab"**), zu seinem milden, sokratischen Standpunkt gelangte, ist aus seinem

*) Wieland an Geßner, 4. Mai 1764
**) Fr. H. Jacobi über Wieland, Mai 1771

9

Briefwechsel und aus seiner Lebensgeschichte bekannt; die eingehende Beschäftigung mit diesen Dokumenten schönster Menschlichkeit wird zum hohen Genuß für jeden, der, seiner Schätzung fähig, das wahre Wesen des berühmten, aber gleichwohl viel verkannten Dichters sucht.

Die „Komischen Erzählungen" bezeichnen den Wendepunkt in Wielands Lebens= und Kunstanschauung. Bis dahin hatte sein Schaffen und Streben anderen Zielen gegolten. Im väterlichen Pastorenhause und später auf der Schule zu Klosterbergen war der Dichter zum Halleschen Pietismus er= zogen worden, mit dem die klassische Humanität, die in dem Knaben gleichzeitig lebendig wurde, sich schlecht genug zur harmonischen Einheit verbinden wollte. Der Gegensatz zwi= schen dem christlichen Tugendideal einerseits, der heidnischen Philosophen= und Götterwelt anderseits, brachte Wieland frühzeitig in schmerzlich empfundene Konflikte, zumal sein umfassender Geist in der pietistischen Abkehr kein Genügen finden konnte, seiner apollinischen Natur das Dionysische des Mystizismus stets wesensfremd blieb, wie heiß auch sein sich zeitweise bis zur Askese steigerndes Streben nach einer Tugend κατ'ἐξοχήν sein mochte, das ihn die vielen glücklichen Tugen= den, die er besaß, übersehen ließ.

Es kommt nicht selten vor, daß der Fanatismus, nament= lich wenn er in so frühen Jahren auftritt, wie bei Wieland, ins Renegatentum umschlägt: Ein Renegat erschien der Dich= ter der „Komischen Erzählungen" denjenigen seiner Freunde,

10

die mit Beifall und reger Anteilnahme seine ersten Schritte zu einem chriſtlichen Parnaß verfolgt hatten, der ihm hätte ein Golgatha werden müſſen, wenn ſein glückliches Naturell ihn nicht ſachte zur Erkenntnis ſeines wahren Weſens zurück= geführt hätte. Die Sehnſucht nach der Antike war, einmal erwacht, ſtets in ihm lebendig geblieben, vergeblich bekämpft in krampfhaften Ausfällen gegen die Sänger der Liebe und des heiteren Lebensgenuſſes, die Wieland im „Anti=Ovid“ und in den „Sympathien“ befehdete und verdammte.

Zum verſöhnlichen Element in dieſem Widerſtreit der Empfindungen, zur ſatiriſchen Laune, die nur der oberfläch= lichſte Blick ſatyriſch deuten könnte, hatte die Veranlagung von Jugend auf in Wieland gelegen: Horaz, Cervantes, Sterne und beſonders Lukian zogen ſeinen verwandten Ge= nius mächtig an. Der Humor aber iſt eine Flamme, die ſich nur an den Objekten ſelbſt entzündet; er verlangt Intuition, während die Abſtraktion den Witz nur zur kalten Ironie oder zum bitteren Hohne führt. Zur Heiterkeit erhebt ſich nicht, wer ſich außerhalb der Dinge zu ſtellen verſucht, ſon= dern wer durch die Dinge zu einem Standpunkt über den Dingen gelangt iſt.

Ehe Wieland die ihm gemäße Stellung zur Welt finden konnte, mußte er die Welt und an ihr ſeinen eigenen Wert kennen lernen. Zum Kanzleidirektor ſeiner Vaterſtadt Bibe= rach berufen, kam er mit den Urbildern ſeiner „Abderiten“ in eine für beide Teile nicht ſtets erfreuliche Berührung, und während der Dichter in manchen Jahren freier Muße sich in wenig fruchtbaren Selbstkämpfen schier aufgerieben hatte, fand er nun trotz der Bürde seines Amtes und trotz der Gehässigkeiten, mit denen die lieben Mitbürger ihn bedachten, die Ruhe des Geistes und die Heiterkeit der Seele.

Es kommt vor, daß edle Naturen, wenn sie sich von ihren Weggenossen verlassen sehen, dann um so hartnäckiger den Weg verfolgen, den sie in Gemeinschaft mit jenen zu beschreiten gehofft hatten. Wielands Jugendgeliebte Sophie Gutermann war dem Jüngling gern eine Weile auf den Pfaden einer seraphischen Liebe gefolgt und hatte deren himmlische Ausblicke mit ihm genossen, dann aber, der Wirklichkeit wieder zugewandt, sich mit Herrn von Laroche vermählt, über dessen Persönlichkeit Wielands Briefe, besonders aber Goethes „Dichtung und Wahrheit" und sein eigener Briefwechsel die ausführlichsten Aufschlüsse geben.

Wieland hatte den Verrat, den Sophie an ihm beging, nicht verstanden. Er war zu edel, um ihr zu zürnen; aber die Enttäuschung hatte seinen unbewußten Trotz nun erst recht vom Irdischen abgelenkt. Während seiner Biberacher Zeit begegnete er der noch immer Geliebten zum zweiten Male.

Nahe bei Biberach lag das Schloß Warthausen, auf das sich Graf Stadion, der Adoptivvater des Herrn von Laroche, für den Rest seiner Jahre zurückgezogen hatte. Auf Warthausen lebte auch Sophie als glückliche Mutter wohlgeratener Kinder, von den zwei trefflichen Männern als Tochter und

Gattin geliebt und geehrt, und Wieland, der von allen dreien in herzlicher Freundschaft aufgenommen wurde, erkannte bald, daß Sophie für sich das Richtige gewählt hatte. Der Werther=Konflikt, den Goethe einige Jahre später in Wetzlar erlebte, lag nicht in Wielands weniger empfindsamer Natur. Mit Sophie versöhnt, die ihm einst die Welt bedeutet hatte, ward er mit der Welt versöhnt, die ihm ohne Sophie nichts bedeutet hatte. Als er seine „platonische Schwärmerei" be=lächeln konnte, da konnte er auch über seine „puerilen Extra=vaganzen" lächeln.

Dies Lächeln blieb ihm, und Laroche, der „mit allem, was außer dem Lebens= und Tätigkeitskreise lag, zu scherzen pflegte", gewann auf Wieland einen ähnlichen Einfluß, wie der ihm geistesverwandte und befreundete Merck später auf Goethe: Er half ihm, „aus den Wolken auf die Erde natür=lich und gradatim herabzusteigen."*)

Trotz aller Widerwärtigkeiten, die ihm der Dienst seiner Vaterstadt auflud, konnte sich Wieland, im siebenten Lustrum seines Lebens stehend, in mehr als einem Sinne h e i m g e = k e h r t fühlen. Das Dichten, in den zehn Jahren seiner über=irdischen Odyssee ein beständiger Kampf, eine Donquichoterie im edelsten Sinne, wurde ihm nun zum heiteren Genuß, zum „seltsamen und tändelhaften Hexenwerk", dessen er nicht müde werden konnte. Mit sich selber einig, sah er auch die

---

*) Wieland an L. Meister

Antike in einem neuen, schöneren Lichte. Er war auf dem Wege zur „Philosophie der Grazien", zur „Musarion". Auf diesem Wege waren ihm die „Komischen Erzählungen" heitere Ruheplätze.

In späteren Ausgaben ließ Wieland nur drei von diesen Dichtungen bestehen: „Endymion", „Das Urteil des Paris" und „Aurora und Cephalus". Die letzte, etwas weitläufige, wurde für den vorliegenden Band ausgeschieden und durch die in den ersten Ausgaben enthaltene, von Wieland später verworfene Erzählung „Juno und Ganymed" ersetzt. Im Text wurde auf die ersten, ungekürzten Ausgaben zurückgegriffen.

Den Stoff für „Aurora und Cephalus" hat Wieland von Ovid, für die andern „Komischen Erzählungen" von Lukian entlehnt. Die Erzählung „Kombabus" ist einige Jahre jünger; sie stammt aus Wielands Erfurter Zeit. J. G. Gruber, der verdienstvolle erste Wielandherausgeber und sein getreuer und verständnisvoller Biograph, gibt dazu den folgenden Vorbericht:

„Dieses Gedicht war die Frucht einiger genialischen Stunden im Jahre 1771. Der Hauptstoff ist aus Lukians Nachrichten von der Syrischen Göttin genommen.... Es gibt vielleicht unter allen Märchen in der Welt keines, das alles, was eine poetische Erzählung interessant machen kann, in einem höheren Grade in sich vereinigte als dieses alte syrische Märchen von Kombab. Aber um ihm das höchste Interesse,

14

deſſen es fähig war, zu geben, mußte es nicht nur mit Zucht und Delikateſſe, ohne alle Leichtfertigkeit erzählt werden, ſondern es war auch notwendig, dem Kombab einen edleren Beweggrund zu ſeiner außerordentlichen Tat zu geben, als Lukian in ſeiner Erzählung tut. Sie mußte eine Heldentat ſein, und dies konnte ſie nur dadurch werden, daß ſie die Wirkung eines uneigennützigen Triebes war und daß Kombab ein Opfer, das einen ſo ſchweren Grad von Selbſtverleugnung erfordert, nicht der Furcht für ſein Leben, ſondern dem Gefühl ſeiner Pflicht, der Tugend brachte."

Wie die „Komiſchen Erzählungen", ſo war auch „Kombabus" für die Bosheit und Engherzigkeit der Kritik ein Signal, über Wieland herzufallen und dem Dichter manche trübe Stunde zu bereiten. Heute iſt Wieland dem Tadel kleinlicher Moraliſten längſt entrückt; aber faſt ſcheint es, als hätte der pedantiſche Geiſt der Schwere, an der Wirkſamkeit des direkten Tadels verzweifelnd, den krummen Weg gewählt, den Dichter durch übermäßiges Lob ſeiner minder gelungenen Produktionen den Nachfahren zu entfremden. Wir müſſen Wieland erſt wieder kennen lernen, ehe wir ihn nach Gebühr und unbeeinflußt von konventionellen Urteilen ſchätzen können.

München-Nymphenburg, im Juli 1919

Otto M. Mittler

Endymion

In jener dichterischen Zeit,
    Mit deren Wundern uns der Amme Freundlichkeit
Durch manches Märchen einst in süßen Schlummer wiegte;
Als sorgenfreie Müßigkeit
Sich ohne Pflichten, ohne Streit,
Mit dem, was die Natur freiwillig gab, begnügte,
Kein Mädchen spann, kein Jüngling pflügte,
Und manches tunlich war, was Basedow verbeut;
Eh' noch der Stände Unterscheid
Aus Brüdern Nebenbuhler machte,
Und gleißnerische Heiligkeit
Das höchste Gut der Sterblichkeit,
Die Lust, um ihre Unschuld brachte;
Und kurz, in jener gold'nen Zeit,
Da die Natur, von keinem Joch entweiht
Gesetze gab, wodurch sie glücklich machte,
Die Welt noch kindisch war, und alles scherzt' und lachte:
In dieser Zeit lebt' einst auf Latmos Höh'n
Ein junger Hirt, wie Ganymedes schön,
Schön wie Narziß, doch nicht so spröde,
Wie Ganymed, allein nicht halb so blöde.

Sobald man weiß, Endymion
War schön, so denkt ein jeder schon,

Daß ihn die Mädchen gerne sahen;
Zum mind'sten liefen sie nie, wenn er kam, davon,
Das läßt sich ohne Scheu bejahen.
Die Chronik sagt noch mehr, als ich
Den Musen selbst geglaubet hätte;
Sie buhlten, spricht sie, in die Wette
Um seine Gunst; sie stellten sich
Ihm, wo er ging, in Steg' und Wege;
Sie warfen ihm oft Blumen zu
Und floh'n dann hinter ein Gehege,
Belauschten seine Mittagsruh'
Und guckten, ob er sich nicht rege.
Man meint, daß er im Bad sogar
Nicht immer ohne Zeugen war,
Doch läßt sich das gewiß nicht sagen.
Genug, kaum fing es an zu tagen,
So wurde schon von mancher schönen Hand
Der Blumenflur ihr schönster Schmuck entwandt;
So putzt sich schon, dem Schäfer zu gefallen,
Im Hain, am Bach, der Nymphen ganze Schar,
Die badet sich, die flicht ihr blondes Haar,
Die läßt es frei um weiße Schultern wallen.
Herabgebückt auf flüssige Kristallen
Belächelt sich die schönste Damalis;
Wie vieles macht sie ihres Siegs gewiß!
Ein Mund, der Küssen winkt, ein Liliennacken,
Der Augen feuchter Glanz, die Grübchen in den Backen,
Ein runder Arm, und o! der Thron der Lust,

Die blendende, die anmutsvolle Bruſt!
Sie ſieht noch mehr, nichts zeigt ſich ihren Blicken,
Das nicht verdient, ſelbſt Götter zu berücken.
Sie ſieht's und denkt, ob Leda ihrem Schwan
Mehr Reizungen gewieſen haben kann,
Und zittert doch und wünſcht: o! fände mich
Endymion nur halb ſo ſchön als ich!

Die Schönheit wird mit Wunder angeblickt,
Doch nur Gefälligkeit entzückt.
War Juno nicht, war nicht Minerva ſchön,
Als Zeus den Paris auserſeh'n,
Den Streit der Schönheit zu entſcheiden?
Man weiß, ſie ließen ſich, um böſen Schein zu meiden,
Dem Richter ohne Röcke ſehn.
Lang ließ der Hirt von einem Reiz zum andern
Die ungewiſſen Blicke wandern,
Und zehnmal rief ein neuer Blick
Den ſchon gefaßten Schluß zurück:
Untadelig iſt alles, was ſie zeigen.
Beiſammen ſind ſie gleich, — allein
Scheint jede reizender zu ſein,
Was wird zuletzt des Schäfers Urteil neigen?
Der Juno Majeſtät? der Pallas Würde? — Nein!
Die flößen nichts als Ehrfurcht ein,
Ein ſtärk'rer Reiz wird hier den Ausſchlag geben müſſen:
Sie, die ſo zaub'riſch lächeln kann,
Cythere lacht ihn an — er fällt zu ihren Füßen,

Und beut, sie eine Nacht nach Herzenslust zu küssen,
Der Lächelnden den goldnen Apfel an.

Die Freundlichkeit raubt unserm Schäfer oft
Die Gunst, worauf die stolze Schönheit hofft.
Die blasse Schar der halbverwelkten Wangen
Erwerben sich durch zärtliches Bemüh'n,
Durch Blicke, die an seinen Blicken hangen,
Und süßen Scherz manch kleines Recht an ihn.
Wie eifern sie, ihn liebzukosen!
Die schmückt sein Lamm, die kränzt ihm Hut und Stab;
Der Lenz wird arm an Blüt' und Rosen,
Sie pflücken ganze Haine ab.
Sie wachten, daß ihn nichts in seinem Schlummer störte,
Sie pflanzten Lauben hin, wo er zu weiden pflag;
Und weil er gerne singen hörte,
So sangen sie den ganzen Tag.
Des Tages Lust schließt bis zum Sternenglanz
Manch muntres Spiel und mancher bunte Tanz,
Und trennt zuletzt die Nacht den frohen Reih'n,
So schläft er sanft auf Rosenbetten ein.
Die Nymphen zwingt der keuschen Göttin Schein,
Sich allgemach hinwegzustehlen;
Sie zögern zwar, doch muß es endlich sein.
Sie geben ihm die Hand, die angenehmen Seelen,
Und wünschen ihm wohl zehnmal gute Nacht;
Doch weil der Schlaf sich oft erwarten macht,
Bleibt eine stets zurück, ihm Märchen zu erzählen.

An Böses wurde nie von keinem Teil gedacht.
Der Schäfer war vergnügt, das Nymphenvolk nicht minder,
In Unschuld lebten sie beisammen wie die Kinder,
Zu manchem Spiel, wobei man selten weint,
Den ganzen Tag, oft auch bei Nacht, vereint,
Und träumten (zum Beweis, daß alles Unschuld war)
Nichts weniger als von Gefahr.
Doch wann hat Ate je vergessen,
Für jede Lust uns Schmerzen zuzumessen?

Der Nymphen schöne Königin
Erfuhr — man weiß nicht, wie — vielleicht von einem Faun,
Der sie beschlich — vielleicht auch im Vertrau'n
Von einer alten Schäferin,
(Der, weil sie selbst nicht mehr gefiel,
Der Jugend eitles Tun mißfiel) —
Kurz, sie erfuhr das ganze Schäferspiel.
Man kennt den strengen Sinn
Der schönen Jägerin,
Die in der Götterschar
Die größte Spröde war.
Kein Sterblicher, kein Gott vermochte sie zu rühren.
Was sonst die Sprödesten vergnügt,
Sogar der Stolz, selbst unbesiegt,
Die Herzen im Triumph zu führen,
War ihrem größern Stolz zu klein.
Sie zürnte schon, nur angesehn zu sein,
Bloß, weil er sie vom Wirbel bis zur Nasen

Im Bad erblickt, ward Acton einst zum Hasen.
Dies Beispiel flößte selbst dem Satyr Ehrfurcht ein.
Ihr schien ein Blick sie schon zu dreiste anzufühlen,
Kein Zephyr wagt's, sie abzukühlen,
Und keine Blume schmückt' ihr Haar,
Die einst, wie Hyacinth, ein schöner Knabe war.
Von Liebe nur im Schlaf zu sprechen,
Hieß bei Dianen schon ein strafbares Verbrechen:
Kurz, Männerhaß und Sprödigkeit
Trieb selbst Minerva nicht so weit.
Man ratet leicht, in welche Wut
Der Nymphen Fall sie setzen mußte;
Es tobt' ihr jungferliches Blut,
Daß sie sich kaum zu fassen wußte.
So zornig sah'n die Nymphen sie
In keinem andern Falle nie.
Calisto ließ sich doch von einem Gott besiegen,
Das milderte die Schnödigkeit der Tat;
Doch einem Hirten unterliegen —!!
Wahrhaftig! das war Hochverrat.

Ein fliegender Befehl zitiert aus allen Hainen
Das Nymphenvolk, persönlich zu erscheinen.
Sie schleichen allgemach herbei,
Und keine läuft, daß sie die Erste sei.
Die Göttin steht an ihren Spieß gelehnt,
Und sieht mit ernstem Blick, der ihren Kummer höhnt,
Im ganzen Kreis nichts als beschämte Wangen,

24

Und Blicke, die zur Erde niederhangen.
„Hofft nicht," spricht sie, „durch Leugnen zu entgeh'n,
Man wird euch bald die Zunge lösen können,
Und werdet ihr nicht gütlich eingesteh'n,
So soll euch mir der Gott zu Delphi nennen.
Durch Zaudern wird die Schuld nicht gut gemacht.
Nur hurtig, jede von euch allen
Die sich verging, laß' ihren Schleier fallen."
Sie spricht's und — Hem! wer hätte das gedacht!
Diana spricht's und — alle Schleier fallen.
Man stelle sich den Lärmen vor,
Den die beschämte Göttin machte,
Indes der lose Cypripor
Ans einer Wolke sah und laut herunter lachte!
„Wie?" rief sie voller Wut empor,
(Doch selbst die Wut verschönert ihre Wangen)
„Du, Wildfang, hast dies Unheil angestellt,
Und kommst noch gar damit zu prangen!
Zwar rühmst du dich, daß alle Welt
Für ihren Sieger dich erkenne,
Daß selbst der Vater Zeus, so oft es dir gefällt,
Von unerlaubten Flammen brenne;
Daß, seiner Majestät beraubt,
So oft du willst, der Götter Haupt
Bald als ein Drache, bald als Stier,
Bald als ein böckischer Satyr,
Und bald mit Stab und Schäfertasche
Der Nymphen Einfalt überrasche.

Doch trotze nicht zuviel auf deine Macht!
Die Siege, die dir noch gelungen,
Hat man dir leicht genug gemacht.
Wer selbst die Waffen streckt, wird ohne Ruhm bezwungen.
Auf mich, auf mich, die deine Macht verlacht,
Auf meine Brust laß deine Pfeile zielen.
(Ich fordre dich vor tausend Zeugen auf!)
Sie werden sich vor halbem Lauf
In meinen feuchten Strahlen kühlen
Und stumpf und matt um meinen Busen spielen.
Du lachst! laß seh'n, wie viel dein Bogen kann,
Versuche dich an mir, und sieg' — und lache dann!
Doch stünd' es dir — versichert — besser an,
Du kämst, statt Köcher, Pfeil und Bogen,
Mit einem Vogelrohr geflogen.
Catonens Kindern nur gebührt
Der edle Schmuck, der deinen Rücken ziert.
Bald hätt' ich Lust, dich wehrlos heimzuschicken,
Und, weil der Flug dich nur zur Schelmerei verführt,
Dir noch die Schwingen auszupflücken.
Doch flieh nur, wie du bist; laß meinen Hain in Ruh',
Auf ewig flieh aus meinen Blicken
Und flattre deinem Paphos zu;
Dort tummle dich auf weichen Rosenbetten
Mit deinen Grazien und spiele blinde Kuh
Mit Zephyrn und mit Amoretten!"

Die Göttin spricht's. Mit lächelndem Gesicht
Antwortet ihr der kleine Amor — nicht.
Gelassen langt er nur von ungefähr
Den schärfsten Pfeil aus seinem Köcher her;
Doch steckt' er ihn, als hätt' er sich bedacht,
Gleich wieder ein, sieht Phöben an und lacht:
„Wie reizend schminkt der Eifer deine Wangen!"
Ruft er, und tut, als wollt' er sie umfangen.
„Ich wollte dir, wie Amors Wunde sticht
Ein wenig zu versuchen geben;
Allein, bei meiner Mutter Leben!
Es braucht hier meiner Pfeile nicht.
An Spröden, die mir Hohn gesprochen,
Hat mich noch stets ihr eignes Herz gerochen:
Und, Schwesterchen, (doch unter dir und mir):
Was nützt der Lärm; er könnte dich gereuen.
Weit sich'rer wär's, die kleine Ungebühr
Den guten Kindern zu verzeihen."
Die Nymphen lächelten, und Amor flog davon.
Die Göttin zürnt und rächt an ihnen
Des losen Spötters Hohn.
„Unwürdige, Dianen mehr zu dienen,"
Spricht sie mit ernstem Angesicht.
„Zur Strafe der vergess'nen Pflicht
Hat euch mein Mond zum letztenmal geschienen.
Sobald sein Wagen nur den Horizont besteigt,
Sei euch verwehrt, im Hain herumzustreichen,
Bis sich des Tages Herold zeigt;

Entflieht mit schnellem Fuß, die einen in die Eichen,
Die übrigen zu ihren Urnen hin;
Dort liegt und schlaft, so lang ich Luna bin!"
Sie spricht's und geht die Drachen anzuspannen,
Die ihren Silberwagen zieh'n,
Und die bestraften Nymphen flieh'n
Mehr traurig als belehrt von dannen.

Der Tag zerfließet nun
Im allgemeinen Schatten,
Und alle Wesen ruh'n,
Die sich ermüdet hatten;
Es schlummert Tal und Hain,
Die Weste selbst ermatten
Von ihren Buhlerein,
Und schlafen unter Küssen
Im Schoße von Narcissen
Und Rosen gähnend ein.
Der junge Satyr nur
Verfolgt der Dryas Spur;
Er reckt sein langes Ohr
Bei jedem leisen Zischen
Aus dem Gesträuch hervor,
Ein Nymphchen zu erwischen,
Das in den finstern Büschen
Vielleicht den Weg verlor.
Er sucht im ganzen Hain
Mit wohl zerzausten Füßen;

Umsonst! Der Göttin Dräu'n
Zwang sie, sich einzuschließen;
Die armen Mädchen müssen
Für kürz're Nächte büßen
Und schlafen jetzt allein.
Dem Faun sinkt Ohr und Mut,
Er kehrt mit kühlerm Blut
Beim ersten Morgenblick
Zu seinem Schlauch zurück.
Er denkt: mich zu erhenken
Da müßt' ich albern sein!
Ich will die Liebespein
In süßem Most ertränken.

Indessen schwebt der Göttin Wagen schon
Nah über jenem Ort, wo in des Geisblatts Schatten
Die Nymphen dich, Endymion,
Vielleicht auch sich, so sanft gebettet hatten.
Wie reizend lag er da! Nicht schöner lag Adon
An seiner Göttin Brust, die, weil er schlief, ihm wachte,
Mit liebestrunk'nem Blick auf ihren Liebling lachte,
Und stillentzückt auf neue Freuden dachte;
Nicht schöner ward der junge Ganymed
Vom Vater Zeus, der große Augen dreht,
In Junos Armen einst gefunden;
Nicht schöner lag, durch doppelte Gewalt
Der Feerei und Schönheit überwunden,
Der Wollust atmende Rinald

Von seiner Zauberin umwunden:
Als hier, vom Schlaf gebunden,
Endymion. Gesteht, daß die Gefahr
Nicht allzu klein für eine Spröde war!
Das Sicherste war hier, die Augen zuzumachen.
Sie tat es nicht und warf, jedoch nur obenhin
Und blinzelnd, einen Blick auf ihn.
Sie stutzt und hemmt den Flug der schnellen Drachen,
Schaut wieder hin, errötet, bebt zurück,
Und suchet mit verschämtem Blick,
Ob sie vielleicht belauschet werde;
Doch da sie ganz allein sich sieht,
Lenkt sie mit ruhigerm Gemüt
Den Silberwagen sanft zur Erde,
Bückt sich, auf ihren Arm gestützt,
Mit halbem Leib heraus, und überläßt sich jetzt
Dem Anschau'n ganz, womit nach Platons Lehren
Sich im Olymp die reinen Geister nähren.
Ein leicht beschattendes Gewand
Erlaubt den ungewohnten Blicken
Nur allzuviel, sie zu berücken.
Man sagt sogar, sie zog mit leiser Hand
Auch dieses weg, doch wer hat zugesehen?
Was sagt man nicht? — Und wär' es auch geschehen,
So zog sie doch beim ersten Blick
Gewiß die Hand so schnell zurück,
Als jenes Kind, das einst im Grase spielte,
Nach Blumen griff und eine Schlange fühlte.

30

Indessen klopft, vermischt mit banger Lust,
Ein süßer Schmerz in ihrer heißen Brust;
Ein zitterndes, wollüstiges Verlangen
Bewölkt ihr schwimmend Aug' und brennt auf ihren Wangen.
Wo, Göttin, bleibt dein Stolz, die Sprödigkeit!
Dein Busen schmilzt wie Schnee in raschen Flammen.
Kannst du die Nymphen noch verdammen!
Was ihre Schuld verdient, ist's Tadel oder Neid?
Die Neugier hat, wie Zoroaster lehrt,
Von Anbeginn der Weiber Herz betört.
Man denkt, ein Blick, von ferne, von der Seiten,
Ein bloßer Blick hat wenig zu bedeuten.
O glaubet mir, ihr habt schon viel getan,
Der erste Blick zieht stets den andern an;
Das Auge wird (es sagt's ein weiser Mann)
Nicht satt vom Sehn, und Lunas Beispiel kann
Uns hier, wie wahr er sagte, lehren.

Der Gegenstand, der Ort, die Zeit,
Wird die Entschuldigung der Göttin machen müssen.
Selbst ihre Unerfahrenheit
Vermindert ihre Strafbarkeit.
So neu sie war, wie kann sie wissen,
Wie manche wissen's nicht, daß man
Vom Sehn sich auch berauschen kann!
Sie schaut, und da sie so, wie aus sich selbst gerissen,
So unersättlich schaut, kommt ein Gelüst sie an,
Den schönen Schläfer gar — zu küssen.

Zu Küssen! Ja, doch man verstehe mich:
So züchtig, so unkörperlich,
So sanft, wie junge Zephyrn küssen;
Mit den Gedanken nur
Von einem solchen Kuß,
Wovon Ovidius
Die ungetreue Spur
Nach mehr als einer Stunde
(Laut seiner eignen Hand)
Auf seines Mädchens Munde
Und weißen Schultern fand.
Es kostet sie, den Wunsch sich zu gestehen,
Sie glüht von keuscher Scham vom Wirbel bis zum Zehen,
Und lauscht und schaut sich um. Doch allgemeine Ruh'
Herrscht weit umher im Tal und auf den Höhen,
Kein Blättchen rauscht. Jetzt schleicht sie leis hinzu,
Bleibt unentschlossen vor ihm stehen,
Entschließt sich, bückt sich sanft auf seine Wangen hin,
Die, Rosen gleich, in süßer Röte glühn,
Und spitzt die Lippen schon, und jetzt — jetzt wär's geschehen,
Als eine neue Furcht (wie leicht
Wird eine Spröde scheu!) sie schnell zurücke scheucht,
Sie möcht' es noch so leise machen,
So könnte doch der Schläfer dran erwachen.
Was folgte drauf! Sie müßte weiter gehn,
Ihm ihre Neigung eingestehn,
Um seine Gegenliebe flehn,
Und sich vielleicht — wer könnte das ertragen!

Vielleicht sich abgewiesen sehn —
Welch ein Gedank'! Kann Luna so viel wagen!
Bei einer Venus, ja, da möchte sowas gehn,
Die gibt oft ungestraft den Göttern was zu spaßen
Und kann sich eh' im Netz ertappen lassen,
Als ich, die nun einmal die Spröde machen muß,
Bei einem armen, trocknen Kuß.
Und wie! er sollte mich zu seinen Füßen sehn?
Dianens Ehre sollt' in seiner Willkür stehn!
Wie! Wenn er dann den Ehrfurchtsvollen machte
(Man kennt der Schäfer Schelmerei)
Und meiner Schwachheit ohne Scheu
An einer Nymphe Busen lachte?
Wie würde die der Rache sich erfreun
Und meine Schmach von Hain zu Hain
Den Schwestern in die Ohren raunen!
Die eine spräch's der andern nach,
Bald wüßten's auch die Satyrn und die Faunen
Und sängen's laut beim nächtlichen Gelag';
In kurzem eilte die Geschichte
Vermehrt, verschönt, gleich einem Stadtgerüchte,
Bis zu der obern Götter Sitz;
Dem Momus, der beim Saft der Nektarreben
Die Götter lachen macht, und Junos scharfem Witz
Beim Teetisch neuen Stoff zu geben.

Die Göttin bebt, erblaßt und glüht
Vor so gefährlichen Gedanken,

3 Wieland

Und wenn sie dort die Neigung zieht,
So macht sie hier die Klugheit wanken.
Man sagt, bei Spröden überzieh'
Die Liebe doch die Vorsicht nie.
Ein Kuß mag freilich sehr behagen,
Doch ist's am Ende nur ein Kuß;
Und Freuden, wo man zittern muß,
Sind doch (was auch Ovide sagen)
Für Damen nicht, die gerne sicher gehn.
Sie fängt schon an, nach ihrem Drachenwagen
Den scheuen Blick herumzudrehn,
Schon weicht ihr scheuer Fuß — doch bleibt er wieder stehn;
Sie kann den Trost sich nicht versagen,
Nur einmal noch (sie hat ja nichts dabei zu wagen)
Den schönen Schläfer anzusehn.
„Noch einmal!" ruft ein Loyolist;
„Und heißt denn das nicht alles wagen!"
Vielleicht; doch ist es, wie ihr wißt,
Genug, die Göttin loszusagen,
Daß sie es nicht gemeint; die Frist
War allzu kurz, euch Rats zu fragen;
Und überdem vergönnet mir zu sagen,
Daß Escobar auf ihrer Seite ist.

Vorsichtig oder unvorsichtig,
(Uns gilt es gleich) genug, soviel ist richtig,
Sie bückte sich noch einmal hin und sah,
(Doch mit dem Vorsatz, ihn auf ewig dann zu fliehen)

Den holden Schläfer an. Betrogne Cynthia!
Sie sieht, schon kann sie ihm den Blick nicht mehr entziehen,
Und bald vergißt sie auch zu fliehen.
Ein fremdes Feuer schleicht durch ihren ganzen Leib,
Ihr feuchtes Aug' erlischt, die runden Kniee beben,
Sie kennt sich selbst nicht mehr und fühlt in ihrem Leben
Sich jetzt zum erstenmal ein Weib.
Erst ließ sich ihr Gelüst mit einem Kusse büßen,
Jetzt wünscht sie schon, sich satt an ihm zu küssen.
Doch macht sie stets die alte Sorge scheu.
Diana muß sich sicher wissen,
Und wird ein bißchen Feerei
Zu brauchen, sich entschließen müssen.

Es wallt durch ihre Kunst
Ein zauberischer Dunst,
Von Schlummerkräften schwer,
Um ihren Liebling her.
Er dehnt sich, streckt ein Bein
Und schläft bezaubert ein;
Sie legt sich neben ihn
Aufs Rosenlager hin,
(Es hatte, wie wir wissen,
Für eine Freundin Raum)
Und unter ihren Küssen,
Den Schlaf ihm zu versüßen,
Wird jeder Kuß ein Traum.

Ein Traumgeficht von jener Art,
Die oft, trotz Skapulier und Bart,
Sankt Franzens fette Seraphinen
In schwüler Sommernacht bedienen;
Ein Traum, wovor selbst in der Fastenzeit
Sich keine junge Nonne scheut,
Der, wie das fromme Ding in seiner Einfalt denket,
Sie bis ins Paradies entzückt,
Mit einem Strom von Wolluft tränket
Und fühlen läßt, was nie ihr Aug' erblickt.
Ob Luna selbst dabei was abgezielet —
Ob ihr das schelmische Gesicht,
Cupido, einen Streich gespielet —
Entscheidet die Geschichte nicht.

Genug, wir kennen die und den,
Die gerne nie erwachen wollten,
Wenn sie äonenlang so schön
Wie unser Schäfer träumen sollten.
Was Jupiter als Ledas Schwan
Und als Europens Stier getan,
Wie er Alcmenen hintergangen,
Und wie der hinkende Vulkan
Sein Weibchen einst im Garn gefangen;
Wie stille Nymphen oft im Hain
Dem Faun zum Raube werden müssen,
Wie sie sich sträuben, bitten, dräun,
Ermüden, immer schwächer schrein,

Und endlich selbst den Räuber küssen;
Des Weingotts Zug, und wie um ihn
Die taumelnden Bacchanten schwärmen,
Wie sie von trunkner Freude glühn,
Und mit den Klapperblechen lärmen;
Sie wiehern laut ihr Evoe!
Es hallt vom fernen Rhodope
Zurück; der Satyr hebt mit rasender Gebärde
Die nackte Menas in die Höh'
Und stampft in wildem Tanz die Erde.
Ein sanftrer Anblick folgt dem rohen Bacchanal,
Ein stilles, schattenvolles Tal
Führt ihn der Höhle zu, wo sich die Nymphen baden;
Diana selbst errötet nicht
(Man merke, nur im Traumgesicht
Und von geschäftigen Najaden
Fast ganz verdeckt) von ihm gesehn zu sein.
Welch reizendes Gewühl! Es scheint vom Widerschein
So mancher weißen Brust, die sich im Wasser bildet,
So manchen goldnen Haars die Flut hier übergüldet,
Dort Schnee im Sonnenglanz zu sein.
Sein trunknes Auge schlingt mit gierig offnen Blicken
So viele Reizungen hinein,
Er schwimmt in lüsternem Entzücken
Und wird vor Wunder fast zum Stein.
Man glaubt, daß Cynthia hiebei
Nicht ungerührt geblieben sei;
So süß auch Küsse sind, wenn wir Tibulle hören,

So haßt doch die Natur ein ewig Einerlei.
Beim Nektartisch und beim Konzert der Sphären
Sind Götter selbst nicht stets von Langerweile frei.
Zum Mind'sten sagt's Homer. Wie wird dann, satt von Küssen,
Diana sich zu helfen wissen?
Sie tat (so sagt der Faun, der sie beschlichen hat)
Was Platons Penia im Göttergarten tat.
„Was tat dann die?" wird hier ein Neuling fragen?
Sie legte — Ja doch! Nur gemach!
Schlagt euern Plato selber nach,
Das läßt sich nur auf Griechisch sagen.

Verliebt und weise sein, ist, wie ein Alter glaubt,
Den Göttern kaum, den Menschen nie erlaubt.
Wer ganz Empfindung ist, kann keine Schlüsse machen.
Der Gegenstand, der jetzt Dianen an sich zieht,
Macht, wie Galen bemerkt, nebst Wallung im Geblüt,
Die Augen übergehn und die Vernunft erschwachen;
Und Martialis muß gestehn,
Daß selbst Cornelia, die Mutter beider Gracchen,
Mit kaltem Blut ihn selten angesehn.
Die Spröden mögen sich hier ein Exempel nehmen.
Das schöne Volk nicht zu beschämen,
Verschwieg ich gern, wie tief Diana' fiel;
Allein der Faun verriet das ganze Spiel.
Zum Unglück war's der Schlimmste unter allen.
Er hatte, wie gesagt, den Nymphen zu Gefallen
Den ganzen Hain umsonst durchspürt

Und dachte, gleich zu seinen vollen Schläuchen
Sich unbemerkt zurückzuschleichen,
Als aus den nahen Myrthensträuchen
Sein lauschend Ohr ein wollustatmend Keuchen,
Ein liebliches Geseufz' und süßes Girren rührt.
Der Satyr stutzt und denkt bei sich:
„Hier ist man glücklicher als ich,
Dies Seufzen hat was zu bedeuten.
So seufzt, beim Styx! trostlose Liebe nicht!"
Er schleicht dem Tone nach und sieht ein hellers Licht
Sich über das Gebüsch verbreiten,
Schleicht immer fort, entdeckt das Drachenpaar,
Die ungeduldig sich am leeren Wagen sträuben,
Und stutzt noch mehr. Wie! denkt er, mag wohl gar
Diana, die so spröde war,
Die Männerhasserin, sich hier die Zeit vertreiben!
Kaum denkt er's aus, so zeigt ein neuer Blick
Ihm Lunas Fall und Amors Meisterstück.

O! Göttin, welch ein Augenblick;
Wie wird der rohe Faun dich höhnen!
Ein Andrer schliche sich von einer solchen Szenen
Mit abgewandtem Aug' aus Großmut still zurück;
Er würde sich sogar noch Zweifel machen,
Und hieß' es nur ein täuschend Nachtgesicht.
Allein in Faunen wohnt so viele Tugend nicht.
Ein wildes überlautes Lachen
Weckt sie und zeigt den Zeugen ihrer Lust.

Sie hebt ein sterbend Aug' und schließt es plötzlich wieder,
Ein kalter Schau'r durchfährt die aufgelösten Glieder,
Vor Schrecken starrt die ausgedehnte Brust.
Sie sinkt betäubt bei ihrem Schäfer nieder
Und seufzt und weint, daß sie nicht sterben kann.
Ach! käm' er nur, der dürre Knochenmann,
Er sollt' ihr Liebling sein! Sie wollte mit Entzücken
Sein faul Geripp an ihren Busen drücken!
Was kaum so reizend war, sieht sie mit Grauen an.
Sie wälzt auf Rosen sich als wie auf Kohlenfeuer,
Des Zephyrs Atem däucht ihr Pest,
Endymion ein Ungeheuer,
Die weite Welt ein Drachennest.
Sie so betrübt zu sehn, das schmelzte Tartarherzen,
Der Faun bleibt ungerührt; er lacht noch ihrer Schmerzen
Und leert den schalen Witz, den er bei manchem Schmaus
Gesammelt hat, bei diesem Anlaß aus;
Sieht sie auf ihren Arm sich stumm und trostlos stemmen,
Und eine Tränenflut, die nicht zu stillen war,
Den schönsten Busen überschwemmen,
Sieht's und erfrecht sich, der Korsar!
Durch Küsse ihren Lauf zu hemmen.
Sie stößt ihn weg, doch nur mit matter Hand.
Was hälf' ihr gegen einen Zeugen
Von dieser Art ein stolzer Widerstand?
Es liegt zu viel an seinem Schweigen.
Der ungeduldige Sylvan,
An dem schon alle Adern glühen,

Verspricht und droht zugleich. Sie sieht ihn schüchtern an,
Errötet, staunt, und sucht, was sie nicht hindern kann,
Zum wenigsten noch aufzuziehen.

Was soll sie tun? Hier ist die Antwort schwer;
Dem größern zu entgehn, ein kleiners Übel leiden?
Um bösen Ruf und Ärgernis zu meiden,
Erlaubt Caramuel wohl mehr.

Das Urteil des Paris

(Dr. Zimmermann gewidmet)

Aus dreien Reizenden die Schönste auszuwählen,
Fand Aristipp, ein weiser Mann, nicht leicht;
Er guckte lang, und, sich an keiner zu verfehlen,
Erwählt er alle drei; unweislich, wie mich däucht.
Der Mann verstund sich nicht auf Weiberseelen;
Zum mindsten hält sein Grund nicht Stich.
Ein Kenner, Ihr, Herr Doktor, oder ich,
Wir hätten uns um Eine doch von Dreien
Durch unsre Wahl verdient gemacht,
Denn, wie's der Philosoph gemacht,
Das war das Mittel sich mit allen zu entzweien.

So hat Prinz Paris einst gedacht,
Als ihm, den goldnen Preis der Schönsten zuzusprechen,
Ein Götterwink zur Pflicht gemacht.
Anstatt den Kopf sich lange zu zerbrechen,
Erklärt er sich um eine hübsche Nacht
Für die gefällige Cythere.
Freund Lucian, der Spötter, sagt uns zwar
Von diesem Umstand nichts; doch, wär' er auch nicht wahr,
So macht er doch dem Witz des Richters Ehre.

Du kennst und liebst wie ich, mein Zimmermann,
Den feinen Schalk, den Spötter Lucian;

Wer bei ihm gähnt, der schnarchte wohl am Busen
Der Venus selbst und beim Gesang der Musen.
Daß niemand feiner scherzen kann,
Daß er ein schöner Geist, ein Kenner,
Ein Weltmann war, gesteht ihm jeder ein;
Doch wünschen Tillemont und andre wackre Männer
Mit gutem Fug, er möchte frömmer sein.
Was uns betrifft, die gern sokratisch lachen,
Uns dient er oft zum wahren Äsculap;
Er treibt die Blähungen der Seele sanft uns ab
Und weiß die Kunst, mit Lächeln oder Lachen
Uns klüger oft, vergnügter stets zu machen;
Und das ist mehr, gesteh's, als Habermann,
Thom von Aquin und Raymund Lullus kann.
Um dich und mich für diesmal zu erbauen,
Erzähl' ich dir, den Musen, Freund, und mir
In Reimen ohne Kunst und weitgesuchte Zier,
Den fabelhaften Streit der schönen Götterfrauen:

Er flammte noch, der Streit, den Eris angeschürt,
Die Fehde, ohne die Fürst Priam unbezwungen,
Achillens Zorn und Hektor unbesungen,
Herr Menelaus am Vorhaupt ungeziert
Und seine schöne Frau zu ihrer größern Ehre
Uns unbekannt geblieben wäre;
Der Zank, der Götter selbst in Hochzeitfreuden stört,
Und wahrlich nicht um Kleinigkeiten:
Nicht was die Linien im Buch Re-Kim bedeuten;
46

Nicht ob dies Fleckchen Land, das dritthalb Ziegen nährt,
Dem Junker Hans, dem Junker Jörg gehört;
Wie viele Cherubim mit schön vergoldten Schwingen
Durchs Öhr der feinsten Nadel gingen;
Ob dudeldum, ob dudeldei
Der größ're Trillerschläger sei;
Ob Scaramuz, ob Scapin besser tanze:
Dergleichen Fragen trägt, wie Freund Pedrillo spricht,
Die kleinste Mück' auf ihrem Schwanze
Wer weiß wie weit — Göttinnen zanken nicht
Wie Philosophen und wie Kinder;
Sie machten wohl um nichts so viel Geschrei:
Mein guter Freund, der Streit betraf nicht minder
Als: wer die Schönste sei!
Um diesen Preis kann man zu viel nicht wagen.
Die Damen schreien nicht allein:
Das Nymphenvolk aus Flüssen, Meer und Hain
Hat auch zur Sache was zu sagen;
Die Zofen kriegen sich bereits beim blonden Haar,
Und kurz, es war nicht weit vom Schlagen,
Als Vater Zeus, dem hier nicht wohl zumute war,
Weil alle stürmend in ihn dringen,
Um ihm den Ausspruch abzuzwingen,
Sich glücklich einer List besann.

Er spricht: „Man weiß, daß ich, (als dieser Göttin Mann,
Und jener zwo Papa,) nicht gültig sprechen kann;
Denn was auch uns're Priester sagen,

Parteilichkeit steht Göttern gar nicht an.
Zum Richter weiß ich euch nur einen vorzuschlagen,
Der tauglich ist; er ist von Ilion,
Ein junger Hirt, jedoch ein Königssohn,
Schön wie der Tag, geübt in solchen Fragen,
Ein Kenner und ein Dilettant zugleich,
Und kurz, ein Sterblicher von ungemeinen Gaben;
Der, Kinderchen, der ist der Mann für euch,
Ihr könnet wider ihn nichts einzuwenden haben;
Doch redet frei, mir gilt es gleich."
"Meintwegen" spricht mit stolzen Augenbrauen
Saturnia "mag Momus Richter sein;
Man hat sich, dächt' ich wohl, vor Tadlern nicht zu scheun.
Fragt diese Damen hier—" "Und mir wird's auch nicht grauen,"
Spricht lächelnd Cypria und dreht
Sich einem Spiegel zu, der vor ihr über steht
"Hat nur der Richter Herz und Augen,
So kann ein Hirt so gut als jeder andre taugen."
Minerva schweigt. "Und du," spricht drauf der Gott,
"Mein Töchterchen, du schweigest und wirst rot!
Doch Jungfern machen's so, wenn von dergleichen Sachen
Die Rede ist, ihr Schweigen gilt für ja.
Wohlan, Merkur steht schon gestiefelt da,
Ihr könnt euch auf die Reise machen;
Doch nehmt die Hüte mit, der Tag ist ziemlich heiß,
Und, wie ihr wißt, macht Sonnenschein nicht weiß."
Das Reiseprotokoll und was sie auf der Straßen
Gesehn, gehört, geschwatzt, das will ich dir erlassen.

48

Man hebt den einen Fuß, man setzt den andern hin,
Und kommt, wie Sancho sagt, dabei doch immer weiter;
Auch kürzt den Weg der aufgeweckte Sinn
Von ihrem schwebenden Begleiter.
Der ganze Chor der Götter wird
Von Glied zu Glied anatomiert;
Man steigt von da zu Faunen und Najaden;
Selbst von den Grazien, die im Cocyt sich baden,
Wird viel erzählt, vielleicht auch viel erdacht,
Das ihnen nicht die größte Ehre macht:
Doch der Erweisungslast will niemand sich beladen.

Inzwischen langt die schöne Karawan'
Bei guter Zeit am Fuß des Ida an.
Man weiß, daß Götter nicht wie Deputierte reisen.
Der Berg war hoch, mit Busch und Holz bedeckt,
Und im Gesträuch der krumme Pfad versteckt.
„Hier könnte Venus uns den Weg am besten weisen,"
Fängt Juno an, „des Orts Gelegenheit
Muß ihr noch aus Anchisens Zeit
In frischem Angedenken liegen:
Es hieß, vielleicht zwar nur aus Neid,
Sie sei auf Ida oft zu ihm herab gestiegen,
Und hab' ihm da nach Nymphenart, geschürzt
Als Jägerin, die lange Zeit verkürzt."
„Dein Spott," versetzt Idalia mit Lachen,
„Kann, glaube mir, mich niemals böse machen;
Man weiß doch wohl —" „Die Damen," fällt Merkur

Sehr weislich ein, „geruhen sämtlich nur
Mir nachzugehn; das ganze Phrygerland
Und Ida sonderlich ist mir genau bekannt.
Ich ward, eh' Ganymed ein Amt im Himmel fand,
Vom Jupiter so oft hieher gesandt,
Daß ich den Weg im Dunkeln finden wollte.
Ich geh' voraus — schon öffnet sich der Hain;
Der Lage nach däucht mich, der Richter sollte
Gar weit nicht mehr — sehn Sie auf jenem Stein,
Dort wo die Ziege grast, den schönen Hirten sitzen!
Vermutlich wird es Paris sein.
Er ist's — beim Styx! Er wird die Ohren spitzen,
Wenn er erfährt, was unsre Absicht ist.
Ich red' ihn an — sei mir gegrüßt;
Du junger Hirt!" — „Ihr auch, mein hübscher Herr!
Was führet euch in diese wilden Höhen!
Und, darf die Frage weitergehen,
Wer sind die Mädchen dort, die bei der Eiche stehen!
Die sind wohl schön, beim hohen Jupiter,
So schön hab' ich sie nie gesehen.
Die schafften wohl nie viel im Sonnenschein!
Sie sehn mir wahrlich nicht wie unsre Weiber drein,
Sie übertreffen ja die Schwanen selbst an Weiße,
Es müssen — ja, so wahr ich Paris heiße!
Es müssen Feen sein!"
„Nahzu, mein Freund; du kannst dich glücklich preisen,
Der ganze Äther hat nichts Schönres aufzuweisen;
Göttinnen sind's —" „Göttinnen! Nun, beim Pan!

50

Das dacht' ich gleich; ich sah es ihnen an,
Und doch sind diese da, die ersten, die ich sehe."
„Versich're dich's, wir kommen aus der Höhe;
Du siehst Gesichter hier, wie man's im Himmel trägt;
Sie haben nur die Strahlen abgelegt,
Die, wie man weiß, sonst Götterköpfe schmücken,
(Denn diese könntest du nicht ungestraft erblicken.)
So schaden sie dir nichts — gib nur auf alles acht!
Die Große hier, die über alle raget,
Hat Jupiter vorlängst zur Frau gemacht;
Und gleichwohl sieht der Morgen, wenn es taget,
Nicht frischer aus; das macht der Götterstand;
Du findst nichts Blühendres an einem Rosenstocke.
Die andre dort im kriegrischen Gewand
Mit Helm und Speer wird Pallas zubenannt;
Und diese da, im kurzen Unterrocke
Und mit halboffner Brust, die unterm Rand
Des kleinen Huts hervor so schalkhaft nach uns schielet,
Ist, wenn dein Herz sie nicht bereits gefühlet,
Dem Namen nach als Venus dir bekannt.
Du zitterst, Hirt! Sei immer ohne Grauen;
Göttinnen, glaub' es dem Merkur,
Sind eine gute Art von Frauen,
Ihr hoher Stolz sitzt in der Miene nur.
Du kennst sie nun: Betrachte sie genau!
Denn Zeus verlangt, nach vorgenommner Schau,
Den Ausspruch, welche du die Schönste findst, von dir.
Der Preis des Wettstreits ist der goldne Apfel hier.

4*

So sagt die Überschrift: ‚Die Schönste soll mich haben.‘
Und nunmehr steht's bei dir, die Schönste zu begaben.“
Der junge Hirt zuckt, da er dieses hört,
Die Achseln und versetzt: „Herr Hermes, wie ich höre,
Erweist Gott Jupiter mir gar zu viele Ehre.
Ich bin, beim Pan! nicht so gelehrt,
Zum Wenigsten nicht, daß ich's wüßte;
Auch seh' ich nicht, woher es kommen müßte:
Ich bin ein Hirt, der nichts gesehen hat
Als Küh' und Ziegen, Fichten, Eichen
Und Mädchen, die gewiß nicht diesen gleichen.
Dergleichen Fragen sind für Leute in der Stadt.
Fragt mich, ob diese junge Ziege,
Ob jene schöner sei, das weiß ich auf ein Haar;
Allein von diesen hier tut jede mir Genüge.
Ich nehme wohl Verschiedenheiten wahr,
Die, zum Exempel, hier ist kleiner, jene größer,
Die hat ein schwarzes, die ein falbes Haar,
Und jene dort ein goldnes gar;
Allein um das gefällt mir keine besser,
Sie sind mir alle schön, und in der Tat
Die Schönste, däucht mich, ist gerade die man hat.
Das Beste scheint demnach, weil alle mir gefallen,
Ich gebe diesen Apfel allen.“
„Das geht nicht an,“ versetzt der Maja Sohn,
„Hier kommst du nicht so leicht davon,
Zeus will, du sollst als Richter sprechen,
Und was er will, ist ein Gesetz,

52

Das ungestraft wir Götter selbst nicht brechen."
„Nun," rief Saturnia, „wann endet das Geschwätz?
Die Herren wissen schlecht zu leben;
Man läßt uns stehn und schwatzt!" „Wohlan," versetzt der Hirt,
„Zeus will, ich muß mich schon ergeben;
Man sagt mir, daß durch Widerstreben,
Nicht viel mit ihm gewonnen wird.
Doch müßt ihr mir vorher die Hand drauf geben,
Daß, weil doch eine nur die Schönste heißen kann,
Der andern keine mich deshalb befeinden wolle;
Sonst dank' ich für die Richterrolle,
Mich ficht auf solchen Fuß der Ehrgeiz gar nicht an."
„Wir schwören dir's beim Styx!" — „Wohlan!
So tretet her, und stellt euch aneinander,
Den Kopf zurück, so! so! beim großen Pan!
Die Schönste, die ich im Skamander
In meinem Leben baden sah,
War gegen diese da
Nicht besser als ein kleiner Affe.
Doch, Herr Merkur, ich bitt' Euch, macht mich klug;
Mir fällt, indem ich sitz' und gaffe,
Ein Zweifel ein. Ist's, sagt mir, schon genug,
Sie so gekleidet zu betrachten?
Mich däucht, wenn sie sich leichter machten,
Dies sicherte mein Urteil vor Betrug."
„Das steht bei dir; man kann dem Richter nichts verwehren,
Was dienen kann, sein Urteil aufzuklären."
„Nun wohl," fährt Paris fort und schneid't ein Amtsgesicht,

„So sprech' ich dann, wozu mich Amt und Pflicht
Ohn' Ansehn der Person verbindet:
Weil, wie bekannt, sich zwischen Hals und Fuß
Verschied'nes eingehüllt befindet;
Das in Betrachtung kommen muß,
Und das oft Phöbus selbst durch raten nicht ergründet,
So zeigt euch alle drei in naturalibus!"

Wie meinst du, kläng' ein solcher Schluß
Im Ohr der meisten unsrer Weiber!
Sie hörten, glaube mir, die Eule lieber schrein,
Das gingen sie in Ewigkeit nicht ein!
Sie sollten ihre heil'gen Leiber
Vor Männeraugen so entweihn!
Sich kritisch untersuchen lassen,
Ob nichts zu groß, ob nichts zu klein,
Zu lang, zu kurz; ob alle Teile fein
Symmetrisch ineinander passen,
Durch gute Nachbarschaft einander Reize leihn,
Schön an sich selbst, im Ganzen schöner sein;
Ob ihre Haut durchaus so rein,
So glatt und weiß wie ihre Hände;
Kein schwarzer Fleck, kein stechend Bein
Den weichen Alabaster schände;
Und kurz im ganzen Werk, von Anfang bis zu Ende
Der Kunst gemäß auch alles edel, frei,
Untadelig und rund und lieblich sei!
Das täten sie, (doch red' ich nicht von allen)

54

Dem Amor selbst nicht zum Gefallen.
Warum! — das wissen sie! — Doch mehr Entschlossenheit
Fand Paris bei den Götterfrauen.
Sie zeigten ihm ein edles Selbstvertrauen,
Und keine Spur von Furchtsamkeit.

Nur Pallas schlägt die Augen züchtig nieder,
Wie Jungfern ziemt; sie sträubt sich lange noch,
Da Juno selbst gehorcht, und hofft, man laß ihr doch
Zum Wenigsten ein Röckchen und ihr Mieder.
Ein Röckchen! Ja, das wäre fein!
Des Richters Ernst geht keine Klauseln ein.
„Nur hurtig! zieht euch ab! was sein soll, muß geschehen!"
Ruft Hermes, „mich darf keine scheun;
Ich will und muß bescheiden sein,
Und werd' indes beiseite gehen."
Kaum ist er weg, so steht schon Cypria,
Voll Zuversicht, in diesem Streit zu siegen,
In jenem schönen Aufzug da,
Worin sie sich (das lächelnde Vergnügen
Der lüsternen Natur) dem leichten Schaum entwand,
Sich selbst zum erstenmal voll süßen Wunders fand
Und im Triumph auf einem Muschelwagen
An Paphos reizendes Gestad
Von frohen Zephyrn hingetragen,
Im ersten Jugendglanz die neue Welt betrat:
So steht sie da, halb abgewandt
Wie zu Florenz, und deckt mit einer Hand,

Errötend, in sich selbst geschmieget,
Die holde Brust, die kaum zu decken ist,
Und mit der andern — was ihr wißt.
Die Zauberin! Wie ungezwungen lüget
Ihr schamhaft Aug'! Und wie behutsam wird
Dafür gesorgt, daß Paris nichts verliert!
Auch Junons Majestät bequemt sich allgemach
Zu dem, was, ohne solche Gründe,
Sie ihrem Manne selbst im eblichen Gemach
Noch nie erlaubt, noch jemals zugestünde;
Gewandlos steht sie da; nur Pallas will sich nicht
Von ihrem Unterrocke scheiden,
Bis Paris ihr zuletzt verspricht,
Wenn sie noch länger säumt, sie selber auszukleiden. —
Nun ist's gescheh'n! — „O Zeus," ruft er entzückt,
O laß mich ewig hier wie eine Säule stehn
Und lauter Auge sein und diesen Anblick sehn!
Mehr wünsch' ich nicht!" Kaum ist der Wunsch vollendet,
So schließet sich, von so viel Glanz geblendet,
Sein Auge zu, und fast erstickt
Vom Übermaß der Lust, schnappt er mit offnem Munde
Nach kühler Luft — Doch wird er unvermerkt
Durch jeden neuen Blick zum folgenden gestärkt;
Er schaut und schaut, fast eine Viertelstunde,
Und wird's nicht satt. „Allein was fang' ich nun, beim Pan,"
Ruft er zuletzt, „mit diesem Apfel an?
Wem geb' ich ihn? Bei meinem Amtsgewissen!
Ich kann, je mehr ich schau', je minder mich entschließen.

56

Der wollusttrunkene Blick verirrt,
Geblendet, taumelnd und verwirrt,
In einer See von Reiz und Wonne.
Die Große dort glänzt wie die helle Sonne,
Vom Haupt zum Fuß dem schärfsten Blick,
Untadelig und ganz aus einem Stück;
Zu königlich, um einen schlechtern Mann
Als den, der donnern kann,
An diese Brust zu drücken!
Der Jungfer hier ist auch nichts vorzurücken;
Beim Amor! hätte sie mir nicht
So was — was weiß ich's? im Gesicht,
Das halb erschreckt, sie könnte mich entzücken.
Doch dieser Lächelnden ist gar nicht zu entgehn!
Man hielte sie, so obenhin besehn,
Für minder schön; allein beim zweiten Blicke
Ist euer Herz schon weg, ihr wißt nicht wie,
Und holt mir's, wenn ihr könnt, zurücke!
Mir ist, vom Ansehn schon, ich fühle sie
So groß sie ist, bis in den Fingerspitzen;
Was wär' es erst . . ." „Nun!" ruft Saturnia,
„Was sollen hier die Selbstgespräche nützen?
Wir sind nicht für die Langeweile da —
Ihr werdet doch, wenn's euch beliebt, nicht wollen,
Daß wir, bis man sich müd' an uns gesehn,
In einem solchen Aufzug stehn
Und hier den Schnuppen holen sollen!
Es macht ein wenig kühl —" „Frau Göttin, nur Geduld!

Wir können uns nicht übereilen;
Und müßt ihr auch bis in die Nacht verweilen,
So seid so gut und gebt euch selbst die Schuld.
Wer hieß euch um den Vorzug streiten
Und mich zum Richter ausersehn!
Mein Platz, ich will's euch nur gestehn,
Hat seine Ungemächlichkeiten;
So viele Augenlust wird mir zuletzt zur Qual.
Mehr sag' ich nicht; doch kurz: So ist die Wahl
Unmöglich! Eine muß sich nach der andern zeigen!
Seht, wie ihr euch indes die Zeit vertreibt;
Ihr beide tretet ab und diese Göttin bleibt;
Doch müßt ihr euch nicht gar zu weit versteigen."

Wieviel der kleine Umstand tut,
Nicht ganz allein, (denn das ist niemals gut)
Doch ohne Zeugen sein, ist nicht genug zu sagen.
Er macht der feigsten Agnes Mut;
Und Schäfern, die sonst blaß und stumm den Hut
In beiden Händen drehn, an ihren Fingern nagen,
Mit offnem Mund kaum halbe Silben wagen,
Und wenn die Sylvien sich gleich fast heiser fragen,
Was ihnen fehlt, und durch ihr Lächeln sagen:
„Wie! blöder Hirt! was hält dich noch zurück!
Verspricht dir denn mein nachsichtsvoller Blick
Nicht alles zu verzeihn!" — sich noch mit Zweifeln plagen;
Selbst dieser Blöden schwachen Mut
Verkehrt er oft in ungestüme Wut

58

Und heißt sie plötzlich alles wagen:
Er stärkt das Haupt, er gibt den Augen Glut
Und Munterkeit den Lebensgeistern,
Den schwächsten Armen Kraft, Heldinnen zu bemeistern,
Und selbst den Weisen Fleisch und Blut.
Saturnia, die mit verschränkten Armen
Euch kurz zuvor wie eine Säule stund,
Ist kaum allein, (erratet mir den Grund)
So sieht der Hirt den Marmor schon erwarmen,
Den schönen Mund, die Wangen frischer blühn,
Die weiße Brust, die Alabaster schien,
Mit Rosen sich auf einmal überziehn,
Und sanft, wie leicht bewegte Wellen,
Mit denen Zephir spielt, sich jede Muskel schwellen.
„Ha!“ rief der Hirt, da sie so plötzlich sich beseelte,
„Jetzt merk’ ich erst, was eurer Schönheit fehlte!
Ich fühlt’ es wohl, und wußte doch nicht was?
Ich stund erstaunt und blieb doch kalt wie Erde:
Nun seh’ ich’s ja, beim Pan, es war nur das;
Jetzt sorg’ ich nur, daß ich zu feurig werde.“
„Du siehest,“ so spricht die Göttin, „hier,
Zu sehr beglückter Hirt, du siehst, was außer dir,
Seitdem die Sphären sich in ihren Angeln drehen,
Kein Sterblicher, kein Gott so unverhüllt gesehen.
Sei stolz, o Prinz! von diesem Augenblick
Ist nichts zu groß für deine Ruhmbegierde!
Der Juno Gunst verspricht dir jedes Glück,
Den Thron der Welt, ja selbst die Götterwürde.“

„Den Thron der Welt! Frau Göttin, wenn Ihr's mir
Nicht übelnehmt, mich reizt ein Thron nur wenig.
Was mangelt mir zum frohen Leben hier!
Hier bin ich frei, und das ist mehr als König.
Ich merk' Euch schon (denn albern bin ich nicht),
Ihr denkt dadurch den Apfel zu erlangen;
Allein, für eins, so hab' ich meine Pflicht,
Und dann, so könntet Ihr — sie sind doch fortgegangen!
Nicht so! — Mit einem Wort mich weit gewisser fangen.
Ihr seid, ich muß gestehn — so schön
Daß man — Ihr wißt schon, was man möchte;
Mehr sag' ich nicht — Frau Jupitrin, ich dächte,
Klug wie Ihr seid, ihr solltet mich verstehn."
Hier schweigt er und erklärt durchs Feuer seiner Blicke,
Was sie vielleicht im Antrag dunkel fand.
Wer suchte wohl bei Hirten solche Tücke!
Sagt, was ihr wollt, ein Amt gibt gleich Verstand.
„Nun, Göttin" fährt er fort, „bei unsren Schäferinnen
Heißt Schweigen: ja; ich denke dieser Brauch
Ist in der andern Welt, wo Ihr daheim seid, auch.
Die Zeit vergeht, was nützt so viel Besinnen!
Komm, Schöne, komm, ich will nicht geizig sein;
Drei Küsse nur, dem roten Mäulchen einen
Und auf die Backen zween, so ist der Apfel dein.
Das ist doch wohlfeil, sollt' ich meinen!
Du gibst mir wohl noch selber einen drein."
„Ich!" spricht Saturnia, von dieser Bauernsprache
Geärgert, wie man denken kann:

60

„Wie! sieht mich dein verwegner Wahn
Für eine deiner Nymphen an?
Erzittre Staub, vor einer Göttin Rache!"
„He! Sachte, wenn man bitten darf,"
Fällt Paris ein, „potz Wetter! nicht so scharf,
Ein Kuß ist wohl so eine große Sache!
Doch, wißt, es kommt mir auch auf einen Kuß nicht an;
Wenn Ihr's so teuer gebt, so sind wir leicht zu scheiden;
Wollt Ihr, wohl gut! wo nicht, so muß ich's leiden:
Doch, unter uns — der Zorn hat Euch nicht wohl getan.
Ihr macht, so schön Ihr seid, Grimassen
Daß mir die Lust vergeht — genug, Ihr könnt schon gehn:
Ihr wolltet mich bei meiner Schwäche fassen,
Allein, ein Richter soll nicht auf Geschenke sehn:
Es wird, was Rechtens ist, geschehn;
Wir wollen nun die Blonde kommen lassen."

Er ruft wohl siebenmal, bis Pallas sich bequemt,
Aus ihrem Busch hervorzusteigen;
Das gute Fräulein war beschämt,
Sich einer Mannsperson im Badhabit zu zeigen.
Auch schien er, in der Tat, ihr gar nicht anzustehn.
Man mußt' im Harnisch sie, mit Helm und Lanze
Beim Ritterspiel, beim kriegerischen Tanze,
Mit Mars und Herkules ein Trio machen sehn;
Da zeigte Pallas sich in ihrem vollen Glanze.
Allein zur Kunst der schlauen Buhlerei,
Zur Kunst, aus hinterlistgen Blicken

Zum Herzenfang ein Zaubernetz zu stricken,
Zu losem Scherz und holder Tändelei
Besaß die Dame kein Geschicke.
Wir wünschen ihr zu ihrer Unschuld Glücke;
Doch hätt' ein bißchen Freundlichkeit
Und was wir sonst an Mädchen Seele nennen,
Für dieses Mal ihr wenig schaden können.
„Nun! Jungfer, wie? was soll die Schüchternheit!"
Spricht unser Hirt, und nimmt sich ungescheut
Die Freiheit, sie beim runden Kinn zu fassen,
„So groß und strotzend, wie Ihr seid,
Wär' mir's an Euerm Platz nicht leid,
Mich neben jeder sehn zu lassen.
Die Augen auf!" — „Zurück, Verwegner!" schreit
Tritonia — „drei Schritte stets vom Leibe!
Ich dächte doch, es ist ein kleiner Unterscheid
Von einer Tochter Zeus' zu einem Hirtenweibe!
Es scheint, zu viele Höflichkeit
Ist Euer Fehler nicht — doch" setzt sie gleich gelinder
Hinzu, „soll diese Kleinigkeit
Uns nicht entzwein; wir bleiben dir nicht minder
In Gnaden zugetan, und wenn nach Recht und Pflicht
Dein Mund zu meinem Vorteil spricht,
So soll die Welt, mit schimmernden Trophäen
Bis an des reichen Ganges Strand
Durch dich bedeckt, von Cäsarn und Pompeen,
Von Schweden Carl, vom Guelfen Ferdinand,
Und Friedrich selbst in dir das Urbild sehen."

62

„Im Ernst?" lacht Paris überlaut,
„Das sind mir reizende Versprechen!
Die Jungfer denkt, damit mich zu bestechen,
Allein mir ist gar wohl in meiner Haut,
Und Händelsucht war niemals mein Gebrechen.
Ihr meint, weil ich ein Fürstensöhnchen sei,
So müsse mich's gar sehr nach Wunden jücken?
Bei Nägelkriegen, ja, da bin ich auch dabei,
Wo wir statt Lorbeern Küsse pflücken;
Da, wo der Feind in Busch und Grotten flieht,
Sich lächelnd wehrt, den Sieg zur Lust verzieht,
Und, wenn er alle Kraft zum Widerstand vereinigt,
Dadurch nur seinen Fall beschleunigt;
In diesen Krieg, der wenig Witwen macht,
Da laß ich mich gleich ohne Handgeld werben:
Allein im Ernst, und wo man nach der Schlacht
Nicht wieder von sich selbst erwacht,
Um einen Lorbeerkranz zu sterben;
Da dank' ich! Sprecht mir nichts davon!
Ich hasse nichts so sehr wie Schwerter und wie Spieße;
Auch kenn' ich manchen Königssohn
Der, eh' er sich, wär's um die Kaiserkron',
In einen Panzer stecken ließe,
Die Kunkel selbst, beim Pan! willkommen hieße.
Soviel zur Nachricht, junge Frau!
Indes ist Euch die Hoffnung nicht benommen,
Mir gilt die Eule was der Pfau,
Ich bin für niemand eingenommen.

Geht immer, fagt, ich hab' Euch wohl befehn,
Und legt die Waffen an, die Euch fo niedlich ftehn,
Ich bin vergnügt; laßt mir die Kleine kommen!"

Sie kommt, die Luft der Welt, des Himmels fchönfte Zier,
Und unfichtbar die Grazien mit ihr.
Dem Hirten ift's, da er fie wiederfiehet,
Als fäh' er fie zum erftenmal,
Ihr erfter Blick erfpart ihm fchon die Wahl,
Das Herz entfcheidt, ein einzig's Lächeln ziehet,
Noch eh' er fich befinnen kann,
Und feffelt ihn an ihren Bufen an.
Sie fpricht zu ihm: "Du fiehft, ich könnte fchweigen,
Mein fchöner Hirt; ich fiege nicht durch Lift;
Die Schönheit lobt fich felbft, fie braucht fich nur zu zeigen;
Man weiß, daß du ein Kenner bift,
Und guten Tänzern ift gut geigen.
Doch, was ich fagen will, betrifft dich felbft, nicht mich.
Schön wie Apoll, wie kann, ich bitte dich,
Dir diefer wilde Ort gefallen!
Sei, wie du bift der Schönfte unter allen
Im Phrygerland, fei ein Endymion,
Sei ein Narciß, was haft du hier davon?
Du denkft doch nicht, daß deine Herden
Von deinem Anfchaun fetter werden!
Die Mädchen hier, wie man's im Walde findt,
Empfinden nichts; die fühlen wie die Ziegen!
Die Liebe ift für fie Bedürfnis, nicht Vergnügen:

64

Sie sehn den Mann in dir und sind fürs andre blind;
Den Hof, die Stadt, wo deinesgleichen sind,
Die solltest du zum Schauplatz dir erwählen.
Dort ist die Lieb' ein Spiel, ein süßer Scherz:
Die Schönsten würden sich dein Herz
Einander in die Wette stehlen;
Und wenn du wolltest, wüßt' ich dir
Ein junges Mädchen zuzuweisen,
Die, ohne sie zu viel zu preisen,
In jedem Reiz, in jeder Schönheit mir
In keinem Stücke weicht." "Beim Pan, die möcht' ich sehen!"
Ruft Paris aus, "das kann nicht sein! Wie Ihr!
Ihr wollt mir, hör' ich wohl, ein kleines Näschen drehen?
Wo käme mir noch eine Venus her?
So schön wie Ihr!" "Du sagst vielleicht noch mehr,
Wenn du sie siehst." "Das glaubt nicht, Frau Cythere,
Und wenn sie wirklich schöner wäre,
So glaubt' ich's doch mir selbst, ja unserm Pfarrer nicht!
Sie hätte mir so schöne lange Locken
Vom feinsten Gold und weich wie seidne Flocken?"
„Vollkommen so!" „Ein solch Ovalgesicht,
So feine Züg' und alles lauter Schlangen=
Und Wellenlinien! So sanfte Rosenwangen,
So um und um mit Grazien behangen,
Und einen Mund, der so verführ'risch lacht,
Und wenn er lacht, nach Küssen lüstern macht!
Und ihre schwarzen Augenbrauen,
Die flössen ihr so fein und sanftverloren hin!

Und solch ein Aug' und solche Blicke drin,
Die einem durch die Seele schauen!
In jedem Backen und im Kinn
Ein Grübchen, wo ein Amor lächelt,
Und Arme, die Auror nicht schöner haben kann,
Und eine Hand von Marzipan,
Und Hüften —" „Still! Nichts weiter, junger Mann!"
Fällt Venus ein. „So sagt nur dieses, fächelt
So schön wie hier, in ihrer Lilienbrust
Die Wollust selbst, der Geist der Jugendlust?"
„In diesem Stück", erwidert sie mit Lachen,
„Kann mir Helene noch den Vorzug streitig machen."
„Ihr flößt mir fast ein wenig Neugier ein.
Helene nennt Ihr sie? Ich laß' es mir gefallen!
Und doch — nur halb so schön als Ihr zu sein,
Muß Götterblut in ihren Adern wallen."
„Du irrest nicht," erwidert Paphia,
Die der gelungnen List und ihres Siegs sich freute:
„Sie ist mein Schwesterchen, (zwar von der linken Seite),
Ein Kind von Jupitern, der, ihrer Frau Mama
Zulieb, ein hübsches Fell von einem Schwan sich borgte,
Und seinen Vorteil einst bei ihr im Bad ersah.
Frau Leda wußte nicht, wie ihr dabei geschah,
Und sah dem Schwan, von dem sie nichts besorgte,
Und seinem Scherz in unschuldvoller Ruh,
Nicht ohne Lust, mit süßem Wunder zu.
Doch bald hernach ward wider alles Hoffen
Das gute Ding von Tyndar, ihrem Mann,

66

Beim Eierlegen angetroffen.
Nun zeigte sich's, daß das der Schwan getan.
Er kratzte hinterm Ohr, allein was konnt' er machen!
Das Klügste war, zu bösem Spiel zu lachen.
Das Eierpaar ward mit Gepräng und Pracht
Von Jovis Priesterschaft im Tempel aufgemacht.
Im ersten fanden sie zween wunderschöne Knaben,
Und aus dem andern kroch das schönste Mädchen aus.
Herr Tyndar machte sich noch viele Ehre draus,
Den größten Gott so nah zum Freund zu haben,
Und alles end'te sich mit einem Kindbettschmaus.
Nach fünfzehn oder sechzehn Lenzen
War Ledas Töchterchen das Wunder von Mycen.
Nun macht ihr Ruhm sich immer weit're Grenzen;
Die Dichter finden schon mich selber minder schön
Und schwören, daß die Sterne heller glänzen,
Seitdem sie ihnen Licht aus ihren Augen leiht:
Kurz, Lenchens Ruhm erschallet weit und breit.
Man sieht um sie die Schönen und die Erben,
Vom festen Land und von den Inseln werben —
Doch alles dies, und was noch mehr geschah,
Verschlägt uns nichts; genug, Helen ist da,
Macht ihrem Vater Schwan viel Ehre,
Ist weiß und rot als wie ein wächsern Bild,
Ist jung und reizend wie Cythere,
Und dein, mein Prinz, sobald du willst."

„Beim Pan!" ruft Paris aus, „wenn's hier nur wollen gilt,
So wollt' ich, daß sie schon in meinem Bette wäre!

Versprechen, Fran, ist, wie man sagt, nicht schwer,
Wenn nur das Halten leichter wäre!
Ich zweifle —" „Zweifle nicht, und trau' Cytheren mehr:
Ich und mein Sohn, wir können vieles machen
Und haben, glaube mir, wohl ungereimtre Sachen
Als das zustand gebracht. Die Frage ist
Hier ganz allein, ob du entschlossen bist,
Um sie nach Sparta hinzureisen!
Den Weg soll dir mein kleiner Amor weisen:
Er ist, so klein er ist, so schlau.
Was wetten wir, du kommst mit ihr zurücke!
Nur frisch gewagt! Auf mich hin und dein Glücke!
Ein feiges Herz freit keine schöne Frau."
„Der Vorschlag, Göttin, läßt sich hören,"
Versetzt der Hirt der lächelnden Cytheren;
„Wenn sie nur halb so reizend ist als Ihr,
So ist, wer sie besitzt, ein Jupiter auf Erden.
Allein das macht's nicht aus; was soll indessen hier
Aus diesem gold'nen Apfel werden?"
„Dem Apfel! Gut, mein Kind, den gibst du mir.
Bekommst du nicht das schönste Weib dafür!"
„Frau Göttin, frei vom Herzen weg zu reden,
Ich gäbe gleich um einen Kuß von dir
Die ganze Welt mit allen ihren Leben;
Wenn gleich aus jedem Vogelei,
Vom Colibri zum Hühnerweih,
Ein Mädchen wie ein Engel schlüpfte

68

Und ungelockt auf meine Schultern hüpfte.
Wenn je das Schwanenmädchen mir
Gefallen kann, so lieb' ich dich in ihr.
Mit einem Wort — doch, wollt Ihr mir's vergeben?
Nehmt alles hin, sogar mein junges Leben,
Wenn Ihr nur diese Nacht, nur bis zum Hahnenschrei,
Euch überreden wollt, daß ich Anchises sei.
Wie sollt ich nicht den Glücklichen beneiden?
Er war ein Hirt! und — Götter! — dieser Hain
War einst ein Zeuge seiner Freuden;
Sprich, soll er's nicht auch von den meinen sein?"
Die Göttin find't den Wunsch so ziemlich unbescheiden;
Sie meint, sie seh' ihn zürnend an,
Doch weil ihr reizend Aug' nicht sauer sehen kann,
So wird ein Lächeln draus, das ihn so wenig schrecket,
Daß er nur feuriger entdecket,
Was Venus selbst nicht ohne Röte hört.
Sie hätte sich, den Regeln treu zu bleiben,
Wie sich's geziemt, gern längre Zeit gewehrt;
Doch Ort und Zeit verbot ein langes Sträuben.
Der Jüngling fleht; um sie so weit zu treiben,
Als man die Damen treiben kann,
Die nicht von Marmor sind, fängt er zu weinen an.
Das mußte seine Wirkung haben;
Wer könnte da noch grausam sein?
„Nun, Göttin, sprich mein Urteil — nur kein Nein!"
Sie beut dem ungestümen Knaben

Die schöne Hand und sagt nicht nein.
Der Schlaue will noch mehr Gewißheit haben:
„Beim Styr, mein Täubchen!" „Sei's! willst du nun ruhig sein!"
„Hier, Göttin, nimm! der Preis ist dein!"

Juno und Ganymed

Secundus, der Pythagoräer,
Sagt, und erfuhr's an seinem eigenen Leib,
Es sei ein grillenhaftes Weib
Bei Tag, oft auch bei Nacht, ein schlimmer Zeitvertreib;
Ist sie noch schön, so steigt das Übel höher;
Belesen, witzig — Quellen neuer Pein
Für ihren Job! Er muß zu bösem Spiel oft lachen.
Doch gibt ihr gar sein schwarzer Dämon ein,
(Fährt unser Autor fort) den Drachen
Von Ehrbarkeit und strenger Zucht zu machen,
Dann mögen ihm die Götter gnädig sein!

Der Wunsch ist gut und fromm; allein,
Glaubt man der alten Dichter Sage,
(Und Leuten, die bei hellem Tage
Gespenster sehn, wird allerdings geglaubt)
So war selbst Zeus, der Götter Haupt,
Nicht immer frei von dieser Ehstandsplage.

Homer sagt's ungescheut: Frau Juno war
Ein schönes Weib, das mußte man ihr lassen;
Hoch, wohlgewachsen, schwarz von Aug' und Haar,
Im Gang und Anstand, ja sogar
In ihren sprödesten Grimassen,

Viel Majeſtät; im langen Rocke war
Der ſchönſte Fuß und manches unſichtbar,
Was ſie den Paris einſt auf Jda ſehen laſſen.
Allein um alles das ließ ihr Gemahl und Herr
Die ſchöne Nacht, in welcher er,
Vom Jungferngurt ſie zu befreien,
So haſtig war, nicht ſeltner ſich gereuen.
Wer ihn für glücklich hielt, der ſah die Dame nicht
Jm Schlafgemach und hinter den Gardinen.
Dort pflegte ſie beim Sternenlicht
Des Weiberrechts ſich ernſtlich zu bedienen;
Dort wies ſie ihm ein andres Angeſicht,
Als das am Göttertiſch ſo angenehm geſchienen.
Wo Juno lag, da ſchlief ſich's ſelten viel,
Da ließ die ganze Nacht als wie ein Glockenſpiel
Sich ihre ſchöne Stimme hören;
Und konnte gleich bei ihren Sittenlehren
Jhr Mann ſich oft des Schlummers nicht erwehren,
So wußte ſie ihn doch bald wieder aufzuſtören
Und überſchrie, wenn's ihr gefiel,
Sogar die Nachtmuſik der Sphären.
Ein Scherz beim Nektar, den er liebt,
Ein Seitenblick, den er der Ceres gibt,
Wenn ungefähr ihr Halstuch ſich verſchoben,
Ein Knieband, das er jüngſt der Venus aufgehoben,
Ja, wenn er nur Dianens rundes Knie
Von ungefähr (mit Fleiß geſchah es nie)
Beim Spiel mit ſeinen Kuien drückt,

Und, kommt die Reih an ihn zu paſſen,
Der Iris, die indes im Vorſaal ſitzt und ſtickt,
Die Backen im Vorbeigehn zwickt:
So darf er ſich darauf verlaſſen,
Daß ihm Madam, wie ſich's gebührt,
Die nächſte Nacht hindurch moraliſieren wird:
In dieſem Stück war nicht mit ihr zu ſpaßen.

Wie teuer muß der gute Mann
Die Tugend ſeiner Frau bezahlen!
Beim kleinſten Anlaß fängt ſie an
Mit ihrer keuſchen Treu zu prahlen,
Wirft die gerümpfte Naſ' empor
Und rückt ihm den Irion vor,
Den einz'gen Fall in ihrem Leben,
Da ſich ein Buhler angegeben,
Der ſein Latein bei ihr verlor.
Nach Junos weiſen Ehgeſetzen
Soll ſich ein Mann für allzu glücklich ſchätzen,
Wenn ſeine Frau aus eigner freier Wahl
Dem Recht entſagt, ihn in die edle Zahl
Der Brüder des Vulkans zu ſetzen.
Sie tut durch dies allein der Tugend ſchon genug
Und fordert zum Erſatz mit Fug,
(Denn gratis wird ſie nicht wie eine Nonne leben)
Daß ihr Gemahl ſo dankbar ſei,
Ihr alle Grillen zu vergeben
Und ſie der ganzen Litanei

Der andern Pflichten zu entheben.
Dafür erhält sie auch die Macht,
Ihn als leibeigen zu behandeln,
Und richterlich in jeder Nacht
Die Fehler, die er Tags gemacht und nicht gemacht,
Durch strenge Bußen abzuwandeln.
Das Mittel selbst, das sonst in einer schlimmen Nacht
Ovidius den Männern sehr empfiehlet,
Das sonst das Gift der Zänkerinnen kühlet
Und Löwinnen zu sanften Täubchen macht,
Wird oft von Zeus, doch immer ohne Frucht —
Und endlich gar nicht mehr versucht.
Ob er dadurch die Sache nicht verschlimmert,
Das lassen wir dahingestellt.
Es ist, wie Sancho sagt, nicht alles Gold, was schimmert.
Zwar tut sie, ob ihr in der Welt
Nichts angenehmer sei, als ungeküßt zu bleiben;
Sie war nie keine Gönnerin
Von solchen eiteln Zeitvertreiben;
Doch bringt der Mann die Nacht nicht desto besser hin.
Der gute Zeus, dem ihrer Junge Lauf
Beschwerlich war, stand oft vor Unmut auf
Und fing (was tut nicht ein geplagter Mann!)
Vor Langeweil zu donnern an.
Die Zedern auf dem Libanon,
Der Alpen weißes Haupt, der steile Helikon
Empfanden schuldlos seine Stöße:
Es zitterten die armen Erdenklöße;

Doch schlug er nur in Felsen, Meer und Wald,
Und alle Streiche waren kalt.

Einst, als sie ihn in einer Sommernacht
Mehr als gewöhnlich aufgebracht,
Wird, vom Getös, so dieses Ehpaar macht,
Aus ihrem Schlummer aufgeschreckt,
Die schöne Jo von ihm entdeckt.
Sie lag vom Mondschein angestrahlt,
Nach Nymphenart nur leicht bedeckt,
An ihrem Wasserkrug auf Blumen hingestreckt.
Der Reiz, den nur ein Guido fühlt und malt,
Die erste Jugend scheint auf ihren frischen Wangen,
Halboffnen Rosen gleich, nur eben aufgegangen,
Und ihre Brust und ihren schönen Leib
Schwellt Frühlingsluft und ahnendes Verlangen.
Ein Sankt Hilarion, für den das schönste Weib
Memento mori war, wär' euch vorbeigegangen
Doch hätte nichts gefühlt; auch vom Xenokrates
Hätt' eine Jo sich keinen Blick erworben.
Die lange Nacht bezeuget es,
Die Phryne neben ihm verdorben.
Doch solche Weisheit schenkt die sparsame Natur
Gemeiniglich dem grauen Alter nur.
Ein Ajax sucht den Feind, vor dem ein Nestor zittert,
Und, mit Ambrosia und Nektar satt gefüttert,
Wird Jupiter, sobald er Nymphen wittert,
Vom Wirbel bis zum Zeh'n erschüttert;

Die Hungerkur, die einen Ephraim
Zum Engel macht, macht jenen zum Satyren.
Die Nymphe sehn, begehren und entführen,
War, wie beim Cäsar, eins bei ihm.

Die Eifersucht der Juno zu betrügen,
Verbirgt ein Schirm von siebenfacher Nacht
Dem schärfsten Blick sein sträfliches Vergnügen.
Von diesem Anfang kühn gemacht,
Läßt Vater Zeus es nicht dabei verbleiben;
Das Mittel scheint ihm gut und leicht,
Die Milzbeschwerung zu vertreiben,
Die oft die Götter von ihm scheucht.
Das Übel könnte um sich greifen
Und böse Folgen nach sich ziehn;
In solchen Fällen rät selbst Scheik Al Hosain,
Des Sina Sohn, zuweilen auszuschweifen;
Nur stets mit Maß. Zeus folget gutem Rat:
Sobald der Schlaf sein Weib besänftigt hat,
(Denn immer kann sie doch nicht keifen)
So schleicht er sich, begleitet von Merkur,
Zur Unterwelt, durch Hain und Flur
Den schönsten Nymphen nachzustreifen.
Er schämt sich nicht, zu beß'rer Sicherheit
Der Götterschaft sich zu entladen.
Man hat in einen Schwan verkleid't
Bei jungen Mädchen, die sich baden,
Sehr viel voraus; man gaffet ungescheut;

78

Welch ein Triumph für ihre Eitelkeit,
In Tieren selbst verliebte Lüsternheit
Und kühne Sehnsucht zu erwecken!
Man darf sich nah'n, sie mit dem Schnabel necken,
Man darf noch mehr, sie werden nicht erschrecken;
Es heißt ein Spiel — das arme kleine Tier!
Wie zahm es tut! Gewiß, man dächte schier,
Daß es den Wert von seinem Glücke fühlte.
Wie oft Herr Zeus als Adler oder Stier
Sein Lieblingsspiel mit Menschenkindern spielte,
Erzählt Ovid, und ihm Sedletzky schläfrig nach.
Allein der Krug ging, wie man pflegt zu sagen,
So lang zum Wasser, bis er brach.
Ein oft gelungnes Glück reizt oft, zu viel zu wagen;
Und kurz, als ihm in einer Sommernacht,
Latona einst die Zeit zu kurz gemacht,
Ließ er, für einen Freund vom Naschen,
Sich, wie die Chronik sagt, recht schülerhaft erhaschen.

Was Juno ihm für ein Gesicht verlieh,
Begreift durch die Analogie,
Die Zimmermann uns preist, ein jeder ohne Müh',
Der einst sich langsam finden lassen.
Kein Drohn, kein Flehn erweichet sie,
Umsonst umfaßt er ihre Knie,
Sie schwört den Schwur, den Götter niemals brechen,
Die Tat der Strenge nach zu rächen.
Sein Leiden hebt mit jedem Sonnenlicht

Sich richtig an und endet abends nicht;
Ihm gellen Tag und Nacht die Ohren;
Sie nimmt ihn selbst bei Tisch, wo er
Sein Ansehn spielen muß, oft unbarmherzig her;
Je mehr sie Zeugen hat, je mehr wird Zeus geschoren.
Mich wundert es wahrhaftig nicht,
Daß er die Essenslust verloren.
Der Gram vergällt das niedlichste Gericht,
Und zum Verdruß sind Götter nicht geboren.
Auch ist er klug und bleibt vom Nektarschmaus
Von Zeit zu Zeit oft ganze Wochen aus,
Schwärmt mit dem Gott, der Flügel an den Ohren
Und an den Fersen trägt, von Hütte zu Palast
Und bittet bald bei Baucis sich zu Gast,
Bald bei den tadellosen Mohren.

Einst da er wohlbezecht (der Mohren Wein war's wert)
Von einem solchen Schmause kehrt,
Sieht er bei schwanenweißen Schafen
Den jungen Ganymed an einer Quelle schlafen.
Er bleibt auf einer Wolke stehn
Und denkt, vom ersten Blick verwirrt:
Hat Amor sich auf Idas Höhn
Von seinen Grazien verirrt!
Er winkt Merkuren her, der schon vorausgeflogen,
Und zeigt ihm den entdeckten Fund.
„Wann sieht die Liebe doch gesund!“
Ruft sein Gespan, „wo sind denn Pfeil und Bogen,

Wenn's Amor ist, und wo sein Flügelpaar?"
„Gesteh'," spricht Zeus, „sein lockig gelbes Haar,
Sein rund Gesicht und Stirn und Mund, fürwahr,
Hätt' Erycinen selbst betrogen;
Sie hätt' ihn wenigstens dem Jäger vorgezogen,
Von dem sie einst so stark bezaubert war."
„Das eben nicht," versetzt der Maja Sohn,
„Ein kluges Weib weiß besser hauszuhalten;
Wir kennen ja die Frau Vulkanin schon;
Sie hätte den gewählt und jenen beibehalten."
Indem er's sagt, hält Zeus noch unverwandt
Auf Ganymed den scharfen Blick gespannt.
Allein ein Pfau an Junos Muschelwagen,
Die eben jetzt spazieren fuhr,
Eutdeckt dem lauschenden Merkur
Durch sein Gesang, zu großem Mißbehagen
Des Donnerers, daß hier das beste sei,
Sich sachte linker Hand zu schlagen.
Sie schleichen unerkannt vorbei
Und steigen zum Olymp; man läßt die Ankunft wissen;
Die Schar der Götter eilt herbei,
Dem Prinzipal die Hand zu küssen.

Man schwatzt; er fragt nach vielerlei
Und hört mit andern neuen Sachen,
Was Heben erst begegnet sei.
Silen, der Wanst, erzählt's mit vielem Lachen,
Nach seiner Art nicht allzu fein,

Und streut, den Spaß kurzweiliger zu machen,
Viel Doppelsinn und kühlen Witz hinein:
„Ja," fängt er an, und alle Götter lachen,
Er selbst zuerst „beim Styx! es war ein Spaß!
Ein Hauptspaß war's; ihr hättet's sehen sollen,
Wie Hebe fiel — ha, ha! mein bestes Faß,
Bei meinem Horn! — hätt' ich drum geben wollen,
So saßen wir, hier Juno, hier Dian,
Hier Bacchus, hier — was weiß ich's? doch daran
Liegt jetzo nichts — wir trinken wie die Scythen,
Und jauchzen laut — Nun hört einmal den Spaß!
Indem wir schon von altem Nektar glühten,
Ruft Bromius: ,Das große Deckelglas;
He! Mädchen, flink! mit diesen Fingerhüten
Macht man ja kaum die Lippen naß;
Der Tag ist schön, wir wollen heut eins wüten.'
,Top!' rufen wir. Es kommt, man füllt es oben an,
Apollo singt, der ganze Chor der Musen
Sperrt auch die Mäuler auf wie gähnende Medusen,
Wir fallen ein, und wer nicht singen kann,
Der lei'rt. Das Glas kommt nun von Mann zu Mann
(Die Weiber mitgezählt) zu mir herum — wohlan!
Sie reicht mir's hin, ich tu als nehm ich's an,
Und lang' indes nach ihrem Strauß am Busen.
Sie schreit, als hätt' ich ihr wer weiß was angetan,
Dreht sich zurück und schlüpft (das Estrich schwamm in Weine,
War glatt wie Eis), kurz, eure arme Kleine
Entschlüpft im Drehn, glitscht rückwärts aus und stürzt,

So lang sie war, und leicht genug geschürzt,
Und streckt euch wie ein Frosch die Beine.
Was sie die Götter sehen ließ
Läßt ohne Dreifuß sich erraten;
Wir lachten überlaut, doch unsre Damen taten,
Als säh'n sie nicht was Hebe Schönes wies,
(Vielleicht aus Neid, wie oft genug geschiehet)
Denn kurz, sie wurden rot und hielten euch geschwind
Die Hände vor; was half's? Wer durch ein Sieb nicht siehet,
Ist, wie man sagt, unfehlbar blind.
Indem wir nun uns außer Atem lachen,
Läuft Bacchus zu und will den Stutzer machen;
Er liest sie auf; doch, wie man denken kann,
Greift er's so plump und faunenmäßig an,
Daß wir nur mehr zu lachen kriegen;
Bei meinem Esel! . . ." „Still!" fiel Vater Zeus ihm ein
Und schüttelt seinen Kopf, daß ihm die Haare fliegen;
„Ich weiß genug! Ihr Herren insgemein,
Sagt mir einmal, sind dieses auch Vergnügen
Für Götter, wie ihr seid? Beim Styx! Es tönte fein,
Wenn Menschen solche Dinge wüßten!
Die Schwalben würden bald in unsern Bildern nisten
Und unsre Tempel Bäder sein,
Vielleicht was Ärgres noch. Allein
Wir wollen uns nicht ohne Not entrüsten.
Wißt, wir entlassen hier Miß Hebe ihrer Pflicht.
Das Schenkenamt schickt sich für Mädchen nicht,
Man wird es zu bestellen wissen."

Herr Zeus beschließt mit einem Amtgesicht;
Die Götter lassen sich's gefallen, weil sie müssen,
Und schleichen ab. Wie sehr ist Zeus erfreut!
Wie wohl kommt ihm der Hebe Fall zu statten!
Was Witz und Macht so schwer gefunden hatten,
Das hebt oft eine Kleinigkeit.
Auch Juno kann jetzt nichts dagegen haben;
Das Ärgernis muß ja gehoben sein.
Gedacht, getan! Er raubt den Hirtenknaben
Und setzt ihn ungehindert ein.
Zween Tage ging's nicht schlimm; die Götter alle schienen
Mit ihm vergnügt, die Damen noch weit mehr;
Man lobte seine Art zu dienen
Und sein bescheidnes Wesen sehr.
Selbst Amor liebt den anmutsvollen Knaben
(Ob Venus gleich ihm fast den Vorzng gibt)
Und will ihn stets zum Spielgesellen haben.
Kurz, Ganymed wird wegen seiner Gaben
Im ganzen Himmel bald beliebt.
Nur Juno murrt. Doch Zeus läßt, ohne Schrecken,
Den Nektar sich nur desto besser schmecken,
Den ihm sein Liebling lächelnd reicht.
Die Göttin staunt, bemerkt, vergleicht,
Macht manchen Schluß und glaubt zuletzt zu sehen,
Daß Ganymed und ihr geliebter Mann
Einander mehr, als nötig ist, verstehen.
Daß eine Frau so was nicht leiden kann,
Ist ausgemacht; es muß in kurzem brechen.

Sie harrt nur auf Gelegenheit,
Denn Zeus ist schlau und weicht, wer weiß wie weit
Dem Anlaß aus; doch da er einst sich beut,
Fängt sie im Ton der strengsten Sittlichkeit
Sehr matronalisch an, mit ihm, wie folgt, zu sprechen:
„Zu lange schon hab' ich mit kaltem Blut,
Mein Herr, von Euch Beschimpfungen ertragen,
Wobei ein Weib nicht leicht gelassen tut.
Doch durch Geduld wird Euer Übermut
Nur kühner, immer mehr zu wagen.
Ihr sündigt, wie es scheint, auf meine Tugend hin,
Und trotzt, weil ich zu groß zu jener Rache bin,
Die sich die Wenigsten in meinem Fall versagen.
Ich weiß es, bloß mein keuscher Sinn
Hat diesen Überdruß geboren,
Durch den ich zwar, das glaubt mir, nichts verloren,
Als dessen ich sehr gern'entübrigt bin.
Ihr suchtet eine Buhlerin
In meinem Bett und ausgelaß'ne Freuden;
Ich geb' es zu, Ihr irrtet Euch darin;
Die Pflicht allein zwang mich, nicht ohne Scham zu leiden,
Was mir mein Stand nicht zuließ, zu vermeiden.
Gesteh' es, Üppiger, der Franen schönste Zier,
Die Sittsamkeit, entwöhnte dich vor mir.
Dir schmecken nur verstohl'ne Wasser süße,
Und deiner Dirnen buhlerische Bisse
Und Zungenspiel vergällte dir
Der kalten Tugend ernste Küsse.

Dies zog dich deinen Nymphen nach,
Die sich gelehriger und reger finden ließen;
Dies schmiegte dich zu deiner Leda Füßen
Und hinterließ an jedem Bach,
In jedem Hain, an allen Flüssen,
Die Spuren deiner Üppigkeit.
Doch dieses konnte dir von meiner Gütigkeit
Vielleicht noch übersehen werden.
Du stahlest Ort, Gestalt und Zeit,
Ließ'st deine Dirnen auf der Erden
Und den Olymp noch unentweiht.
Dies zeigte doch noch einen Rest von Scham.
Allein, seitdem auch Nymphen nichts mehr haben,
Das dich versucht, und dir der Einfall kam,
Mit diesem blöden Hirtenknaben
Aus Phrygien den Himmel zu begaben,
Scheint deine Ausgelassenheit
Den höchsten Grad erreicht zu haben.
Um einer armen Kleinigkeit
Wird Hebe ungehört von ihrem Amt verdrungen,
Damit dein lüstern Aug' an einem nackten Jungen
Sich täglich weiden kann.
Wie weit treibt Ihr das Spiel sogar am Göttertische!
Wir essen nie vor Euch in Ruh',
Stets währt das Tändeln und Gezische,
Man lacht, man winkt, man wirft sich Küsse zu;
Und soll dein Nektarpunsch dir schmecken,
So muß dir Ganymed den Becher erst belecken.

Kaum setzt er an, so reißest du
Den Kelch ihm aus der Hand, die Spur hinwegzusaugen,
Wo er den Mund im Trinken hingedrückt,
Und siehst ihn schmatzend an und rollst entzückt,
Wie ein Bacchant, die liebestrunk'nen Augen.
Ja, heute scheutest du dich nicht,
Vor unser aller Angesicht
Ihn gar zu küssen und zu herzen.
Ihr nennt es ohne Zweifel scherzen;
Doch glaubet mir, daß Eurer Majestät
Dies Kindischtun nicht gar zu artig steht;
Wiewohl, was mag ich davon sagen?
Wie lang ist's wohl, (du kannst Silenen fragen)
Daß man mit Ganymed und Amor dich
(Den Donnerer) beim Gänsespiel erschlich?
Fi! Herr Gemahl, es ist nicht zum Ertragen!
Ist das auch eine Lebensart
Für jenen Gott, durch den die Riesen fielen?
So alt, so einen großen Bart,
Und noch mit kleinen Buben spielen!"

Hier schwieg Madam und tat sehr wohl daran.
Es floß ihr, wie man sieht, vortrefflich von der Zunge;
Unstreitig hatte sie die beste Lunge
Im ganzen Göttervolk, und diese Probe kann
Die obbesagten Ehbettwachen
Des guten Zeus uns sehr begreiflich machen.
Doch diesmal hört er sie mit großem Kaltsinn an,

Streicht lächelnd seinen Bart, betrachtet seine Waden,
Und fängt drauf an, sein Herz, wie folget, zu entladen:
„Ob deine strenge Sittsamkeit,
Zucht, Kaltsinn, Unbeweglichkeit
Und großer Abscheu vor den Freuden,
Womit sich, wie du sagst, nur kleine Geister weiden,
Uns, liebes Weib, bisher entzweit,
Das will ich jetzo nicht entscheiden.
Genug, daß sich mein alter Sinn
Geändert hat, und über diese Freuden
Ich selbst nunmehr ganz deiner Meinung bin.
Vordem, mein Schatz, ich will dir's frei gestehen,
War ich (der Ruhm klingt freilich nicht gar fein):
In diesem Stück ein epikurisch Schwein.
Ich küßte, was ich sah, Prinzessinnen und Feen,
Sylphiden, Nixen, Galatheen,
Grasnymphen, alles insgemein,
Sie mochten schmächtig, dick, hochstämmig oder klein,
Blond, nußbraun oder beides sein;
Ich wußte mich mit allen zu begehen.
Da sah ich ohne Regung nie
Ein schönes Kind aus einem Brunnen steigen;
Man konnte mir ein rundes Knie
So unnachteilig nicht als einem Tithon zeigen.
Ob ihre Seele reizend sei,
Das ließ mich damals unbekümmert,
Verständig oder nicht, mir galt es einerlei;
Von diesem höhern Reiz, der aus dem Innern schimmert,

88

Empfand ich nichts; mit einem Wort, ich sah
An Pallas selbst und allen Musen,
Was an der blödsten Sylvia:
Ein lockend Aug' voll jugendlicher Glut,
Ein weißes Fell und einen vollen Busen.
Allein von diesem rohen Mut,
Bin ich, versichre dich's, vollkommen,
Und nicht erst heut, zurückgekommen.
Erfahrung kühlt ein allzu feurig Blut.
Mich läßt zur Zeit die loseste Najade,
Die jüngste Grazie und Venus selbst im Bade
So ruhig als ein Marmorstein.
Das schönste Weib von Fleisch und Bein
Ist, wie das Sonnenbild, das sich in Wolken malet,
Für mich ein bloßer Widerschein
Der Schönheit, die, dem Geist allein
Beschaulich, aus dem Innern strahlet.
Ein weiser Mann, ein Grieche lehrte mich
Das wesentliche Schöne kennen;
Selbst unser Nektar wird mir schon zu körperlich;
Und lern' ich erst den Plato recht verstehen,
So nährt sich einst mein abgezogner Geist,
Der Grille gleich, die drum den Göttern ähnlich heißt,
Allein von Luft und von Ideen.
In diesem Licht müßt ihr die Liebe sehen,
Die mich zu Ganymeden zieht.
Sein schöner Geist, sein reizendes Gemüt,
Dies, nicht sein blondes Haar, nicht seine Rosenwangen,

Ist, glaube mir, wodurch er mich gefangen.
Du siehst, daß hier der Leib gar keine Rolle spielt.
Zum Mindsten wird bei dieser Art von Liebe
Nichts Körperliches abgezielt;
Das wahre Schöne wird nur vom Verstand gefühlt
Und zeuget nie gemeine Triebe.
Kurz, Ganymed, so sehr er Amorn gleicht,
So ungern ihm Dian' ihr keusches Aug' entzeucht,
So oft ich, wenn er ihr den vollen Becher reicht,
Die alte Vesta selbst beim Augenspiel ertappe,
So ist er doch mit alledem
Nach meinem jetzigen System
Ein bloßer Geist in einer Nebelkappe."
„Ein bloßer Geist," fällt Juno höhnisch ein,
„Und pflegen Geister auch zu küssen?"
„Warum," spricht Zeus, „soll das nicht möglich sein?
Man muß hier nur zu unterscheiden wissen.
Gemeine Buhler schnäbeln sich
Nach Spatzenart, bloß ihre Lust zu büßen;
Allein, wie Ganymed und ich
Abstrakt und metaphysisch küssen,
Ist eine Lust wohl, die, versichre dich,
Gemeine Buhler lassen müssen.
Die Seelen, Frau, die Seelen sind's, die sich
In einem solchen Kuß ergießen;
Und ganz dabei vom Leib entblößt,
Ganz in Entzückung aufgelöst,
Sich mischen und zusammenfließen.

Doch ich befinne mich, daß dies ins Tiefe geht.
Dein Mißverftand ift fehr verzeihlich;
Das find Geheimniffe, die freilich
Ein Ungeweihtes nicht verfteht.
Wenn übrigens mein Spiel mit jungen Knaben
Dein ekles Herz geärgert follte haben,
So wißt, daß mir hierin kein fchlechtrer Mann
Als Sokrates zum Vorftand dienen kann.
Ein Weifer ift, wie Seneca beteuret,
Ein Gott, ja noch ein wenig mehr;
Wenn Sokrates mit kleinen Knaben leiret,
So darf ich wenigftens, was er."

Hier endet Zeus, verneigt fich tief und geht;
Das Weitre kann Madam nun mit fich felber fprechen.
Sie rief ihm nach, doch fchon zu fpät;
Er fand für gut, wie man den Dichtern rät,
Beim fchönften Einfall abzubrechen,
Und — fuchte feinen Ganymed.
Der Göttin fchwillt der Kamm, fie weiß fich kaum zu faffen.
Zum Schaden fich noch gar verfpotten laffen!
Wo ift die Tugend in der Welt,
Die, fo gereizt, die Probe hält!
Das muß gerochen fein! Doch nein, fie nennt es ftrafen
Und fchwört, fie will nicht eher fchlafen,
Bis er gezüchtigt ift; und daß auch hier
Die Tugend nicht ihr Recht verlier',
Soll ihn für folche Ungebühr

Das Werkzeug feiner Sünde ftrafen.
Sie klingelt; Jris kommt und hört
Was zwifchen ihnen vorgegangen;
Doch neues wird fie nichts belehrt,
Sie hatte vor der Tür fchon alles aufgefangen.
Miß Jris fpricht, nach Zofenart, fehr fcharf
Von Jupiter und feinen Buhlereien:
„Mein Treu! Madam (wenn man es fagen darf)
Jft gar zu gut, ihm immer zu verzeihen;
Er wird dadurch verweg'ner als ein Spaß
Und häuft Verbrechen auf Verbrechen;
Beim Styr, wär' ich an Euer Gnaden Platz,
Eh' follte mich der nächfte Satyr rächen!
Doch bei Madam hat's wahrlich keine Not,
Jhr kann es nie an Rächern fehlen,
Es koftet nichts, als nach Gefchmack zu wählen,
Jhr fteh'n auf jeden Wink die Schönften zu Gebot.“
Die Göttin wird bei diefen freien Reden
Bis an die Ohrenläppchen rot,
Und Jris wird fehr hart bedroht,
Nichts folches mehr fich zu entblöden.
Die Zofe merkt es fich und fällt,
Sobald fie es für fchicklich hält,
Mit guter Art auf Ganymeden.
Der Einfall glückt; man fcheint zerftreut,
Man gibt nicht acht, von wem fie fchwatze,
Und tändelt alle diefe Zeit
Sehr ernfthaft mit der kleinen Katze.

Doch daß kein Wort, von dem was Iris spricht,
Vor ihrem Ohr vorbeigegangen,
Verrät der Augen funkelnd Licht,
Des Halstuchs Schwulst und brennendrote Wangen.
Die Göttin war vom ersten Anblick an
Von Ganymed nicht ungerührt geblieben;
Sie haßt' ihn anfangs nur aus Furcht, sie möcht' ihn lieben,
Allein der Sprung vom Haß zu sanftern Trieben
Wird leichter, als man glaubt, getan.

Wir sagten's schon, der Junge war zum Malen,
Schön, wie ein Wachsbild, weiß und rot;
Ihm fehlten zum Apoll nur Strahlen,
Und Flügel nur zum Liebesgott.
Nehmt noch dazu, was aus bekannten Gründen
Die Spröden nicht am Mind'sten rührt,
Das Alter, wo wir uns wie neuerschaffen finden,
Wo alles reizt und lächelt und verführt;
Das Alter, wo der Knab' im Jüngling sich verliert,
Und hier und da, was ehmals glatt gewesen,
Mit weichem Flaum sich schmückt und sanft beschattet wird.
Für junge schüchterne Agnesen
Ist dieses Alter nicht gemacht;
Schon in der Schäferwelt, wie wir beim Longus lesen,
War eines Daphnis erste Nacht
Ein Jägerrecht, das Chloen, die nichts wußten,
Erfahrnern Schönen lassen mußten.
„Bei Ganymed ist's wirklich hohe Zeit,“

Fuhr Iris fort, „Gelegenheit macht Diebe;
Ein Knabe find't, trotz seiner Blödigkeit,
Nichts leichter als den Weg der Liebe.
Jüngst hat Idalia ihm einen Blick verliehn,
Der feurig war und fast ein Antrag schien;
Die dicke Ceres selbst liebäugelt scharf auf ihn,
Was ihren Augen fehlt, ersetzen andre Waffen;
Sie hat, so oft er bei ihr steht,
An ihrem Halstuch was zu schaffen,
Und neu, Madam, wie Ganymed,
Kann man sich gar zu leicht vergaffen.
Ihr breiter Busen könnte bald
Den größten Reizungen den Vorsprung abgewinnen;
Bei solchem Kram bleibt zwar das Herze kalt,
Doch reizt er desto mehr die Sinnen:
Und das ist alles doch zuletzt,
Was eine Ceres sucht, und alles, was sie schätzt.
Kurz, dürft' ich meine Meinung sagen,
So ist Gefahr im kürzesten Verzng;
Mich däucht in diesem Fall die alte Regel klug:
Um alles muß man alles wagen."
Der Rat war gut; allein, so schnell als Iris rät
Vom Zeremoniell der Tugend nachzulassen,
Schon der Gedank' empört der Göttin Majestät.
„Und doch, Madam, ist's leicht zu fassen,
Daß Ganymede sich nicht anders fangen lassen.
Was eines Tithons lahmen Arm
Mit Jugendkraft begeistern würde;

94

Was einen Hippolyt verführte,
Macht zwar dem blöden Neuling warm,
Doch keinen Mut; er seufzt und darf nichts wagen.
Er wird durch keinen Wink belehrt,
Kein Lächeln macht ihn kühn, er hört
Die Schäferstunde niemals schlagen;
Ihm mag ein schmelzend Aug' es noch so deutlich sagen,
Man mag ihn noch so sanft, warum er zitt're, fragen,
Er zittert fort, und wo er danken soll,
Da wirft er sich verzweiflungsvoll
Zu Euern Füßen hin und stottert bitt're Klagen.
Er sieht den Vorteil nicht, den eine Stellung gibt,
Die, wie mich däucht, die Ehrfurcht nicht erfunden;
So sehr ihr Halstuch sich verschiebt,
So bleibt ihm doch die Hand gebunden:
Ihn reizt zu seiner Qual ein halbentdeckter Fuß;
Er sieht's und lechzt, wie Tantalus,
Am Quell der Lust vor durstigem Verlangen;
Ihm pocht sein Herz, und große Tropfen hangen
In seinem Aug' und auf den heißen Wangen;
Vielleicht entschließt sich allgemach
Sein matter Arm, sie sterbend zu umfangen;
Die Schöne sträubt sich, zwar nur schwach,
Ihr Auge lockt, ein wollustatmend Ach
Bekennt ihm seinen Sieg, und heißt ihn kühner werden;
Doch er, — Madam, bei meiner Treu!
Ich glaubt' es andern nicht, allein ich war dabei —
Er denkt, sie zürnt, macht klägliche Gebärden,

Und weint, daß sie so grausam sei."
Miß Iris malte nach dem Leben —
Warum: — Der Grund ist leicht — weil sie
Und Ganymed die Poesie
Zu dem Gemäld' erst kürzlich hergegeben.

„Aus allem," fuhr sie fort, „Madam,
Ist, däucht mich, klar, daß diese falsche Scham,
Die Blödigkeit, und wenn man will die Tugend
Der ersten unversuchten Jugend
Den stärksten Reizungen schon oft die Macht benahm;
Sie wird nur durch Ermunterungen,
Nur durch Gefälligkeit und schlaue List bezwungen.
Man muß, so schwer's dem Stolze fällt,
Die ersten Schritte tun . . ." „Ich, sollte mich entschließen,
Den ersten Schritt zu tun? Da wird er warten müssen!
Das tät ich nicht um alles in der Welt."
„Madam, Madam, was für Bedenklichkeiten!
Sie bleiben also, scheint's, bei Ihrem Vorsatz fest,
Und nehmen demutsvoll, was Ceres übrig läßt?
Gewiß . . ." „So sei es dann! Ich will nicht länger streiten,
Ich sage dir's, gerochen muß ich sein!
Er ist es wert, zu Fehlern zu verleiten,
Doch nehm' ich's nicht auf mich allein;
Du mußt ihn doch ein wenig vorbereiten."

Die Zofe, wie man denken kann,
Nimmt diesen Auftrag willig an;

Und daß sie keine Zeit verliert,
Wird er noch diese Nacht sehr klüglich ausgeführt.
Ein kleiner Hain von Myrthen und Jasminen
Erbietet sich, nicht weit vom Göttersitz,
Zum Vorbereitungsort zu dienen.
Ob auch der Mond fein hübsch dazu geschienen,
Das gilt uns gleich; genug — des Mädchens Witz
Fand dieses Mal, zu jeden Teils Vergnügen,
Den Weg, die Blödigkeit des Knaben zu besiegen.

Nunmehr verkündiget des neuen Tages Licht
Der Glocke Klang dem Götterhofe;
Man schleicht sich aus dem Hain, und die getreue Zofe
Erstattet bald, nach ihrer Pflicht,
An Junos Bett umständlichen Bericht —
Von allem! — Nun, das eben nicht!
Hingegen wird mit großem Wortgepränge
Das stumme Feuer abgemalt,
Das insgeheim sein zärtlich Herz versenge,
Seitdem zum ersten Mal die unbegrenzte Menge
Von Junos Reizungen ihm ins Gesicht gestrahlt.
„Es brauchte viele Müh', Madam,
Ihm sein Geheimnis abzuzwingen;
Er wand, er krümmte sich, doch mußt' er endlich singen.
Das arme Kind! Es glühte ganz vor Scham;
Ich denk', ich bracht' ihn gar zu Tränen.
Ich nannt' ihm alle unsre Schönen:
Ist's Pallas, Cypria, Pomona, Ceres? — Nein!

Diana, Flora, Hebe? — Nein!
Bei Amors Pfeil! So muß es Juno sein!
Hier wurd' er blässer als Narzissen,
Und plötzlich wieder feuerrot.
Doch ich verschwatze mich, Madam soll das nicht wissen,
Sie glauben nicht, wie scharf er mich bedroht.
Er rührte mich, ich will es frei gestehn,
Auch ließ ich ihn nicht trostlos von mir gehn,
Er seufzte gar zu schön! und kurz, das heiß' ich lieben!
So liebt man nur das erste Mal!
Ich bitte sehr, die Lindrung seiner Qual
Aus Eigensinn nicht länger aufzuschieben.
Was zaudern Sie? Hält sich der Herr Gemahl
An sein gegebenes Wort gebunden?
Sie irren sehr, er ist aufs neu verschwunden.
Ich hört' es kaum von einer unserer Stunden,
Im Vorgemach, die just durchs Fenster sah;
Er schlich sich mit Merkur ganz leise
Durch's Hintertürchen auf die Reise;
Wohin? das weiß man nicht, genug, er ist nicht da.
Vermutlich wird er jetzt, wer weiß, in welchen Hecken,
Als Truthahn oder Schwan ein neues Leochen decken.
Was hindert, daß Madam von ihm ein Beispiel nimmt?
Der Tag ist schön und recht dazu bestimmt,
In stillen Freuden wegzufließen.
Wie, wenn Sie sich nach einem kleinen Bad
Im Schlummer überraschen ließen?
Sie schlafen fest, selbst unter seinen Küssen;

98

Dies muntert auf, man steigt von Grad zu Grad,
Und alles, was Madam dabei zu sorgen hat,
Ist, daß sie nicht zu früh erwache:
Für seinen Blödsinn weiß ich Rat,
Ihr Jawort nur! der Rest ist meine Sache!"

Die Göttin nickt ein lächelndes Verbot,
Und wird dabei bis an den Busen rot;
Doch Iris hat Verstand und geht mit Ganymeden
Was Juno will und nicht will, abzureden.
Der Abend kommt; Frau Juno schleicht ins Bad,
Läßt von den Stunden sich bedienen,
Und schickt sie weislich, da sie ihnen
Nichts weiter zu befehlen hat.
Nur Iris bleibt, besorgt, was nötig ist,
Wünscht angenehme Ruh' und schließt
Die Türe zu; vermutlich nur zum Schein:
Denn Ganymed (wie wir uns sagen lassen)
Kam nicht durchs Schlüsselloch hinein.
Saturnia lag, abgeredtermaßen,
In tiefem Schlaf, als er erschien,
Vom Bade matt, auf einem Ruhebette;
Ein Liebesgott, doch nur von Marmor, schien
Mit kühner Hand den Vorhang wegzuziehn.
Sie lag in leichten Silberflor
Mit vieler Kunst gehüllt, und eine Blumenkette
Versteckte halb, was ihr Gewand
Den Augen noch gegönnet hätte;

7*   99

Doch steigt halb unverhüllt die schöne Brust empor,
Dort reizt ein weißer Arm und eine kleine Hand,
Hier ragt ein Knie wie Wachs hervor,
Und noch was mehr, das, wenn er's jetzt erblickte,
Selbst Jupitern so sehr entzückte
Als seinen jungen Freund, dem, fast von Lust entseelt,
Das Auge schwimmt, der Atem fehlt.

Er wagt's, es wird auf das, was ihn entzückt,
Der feuervollste Kuß gedrückt.
Wie zittert er, sie werde dran erwachen!
Allein sie schläft zu hart; nur zucket sie im Schlaf
Den schönen Ort, den seine Kühnheit traf.
Er wird versteckt, — um schönre Sachen
Dem trunknen Blick nicht länger zu entziehn.
Wer hätte hier den Mut zum Fliehn!
Wen machte nicht ein solcher Anblick kühn!
Der Jüngling wird's und decket sie mit Küssen.
Nun wird sie wohl erwachen müssen!
Ihr Schlaf war freilich hart, doch endlich wird sie wach,
Und hebt mit einem süßen Ach
Ein irrend Aug' — es wieder zuzuschließen.

Zum Unstern kam in diesem Augenblick
Herr Jupiter von seiner Fahrt zurück.
Der Tag war schwül. Sich zu erfrischen,
Und von dem Erdenstaub die Süße abzuwischen,
Ermuntert ihn Merkur, dem Bade zuzugehn,
Aus dem sie noch die Dünste steigen sehn.

Sie kommen an — und Iris sah sie nicht!
Wo hatte dann das Mädchen seine Augen?
Hier lerne man, was Hüterinnen taugen!
Entzog vielleicht der Schlaf sie ihrer Pflicht?
Nichts weniger — ich will es euch wohl sagen,
Doch im Vertraun, — der junge Zephyr fand
Das gute Ding, das fleißig Wache stand,
Vor langer Weil an seinen Fingern nagen.
Der junge Zephyr war galant,
Das Mädchen hübsch und (ohne sie zu schimpfen)
Verbuhlt genug — wir sehn bei diesem Lob
Sich hundert kleine Nasen rümpfen,
Doch Dichtern liegt die Pflicht der Wahrheit ob.
Genug, der junge Zephyr nahm
Sie bei der Hand, sie schwatzten tausend Sachen
Und setzten sich, vielleicht ein Spiel zu machen,
Sie wußte selbst nicht, wie es kam,
Zuletzt in einem Busche nieder.
Das war das Ganze! Hin und wieder
Mag wohl ein Kuß mit unterlaufen sein;
Doch mehr gestand Miß Iris niemals ein.

Indes kommt Vater Zeus und find't die Tür verschlossen,
Beweis, daß jemand drinnen sei!
Er schleicht, anstatt sie aufzustoßen,
Aus Vorwitz oder Schäkerei
Dem Fenster zu — der Vorhang war gezogen,
Doch hörten sie (denn Götter hören fein)

Ich weiß nicht was, das sie zum Schluß bewogen,
Die Dame sei im Bade nicht allein.
Nicht ohne Ursach' steigt ein kleiner Zweifel
Dem Vater Jupiter bis an die Stirn empor,
Ihm juckt's am Vorderhaupt, ihm singt das rechte Ohr,
Er macht sich klein, wie Miltons kleinster Teufel,
Schlüpft in den Saal und sieht in stiller Ruh',
Wie einem Weisen ziemt — dem Lustspiel zu.
Denn was uns Sterbliche in helle Flammen setzt,
Wird oft von Göttern kaum des Lächelns wert geschätzt.
Nur wundert ihn, gewisse Gaben,
Die seine liebe Frau bei diesem Anlaß zeigt,
Noch nie an ihr entdeckt zu haben.
Sein Wunder, sein Erstaunen steigt;
Je mehr er sieht, je mehr er höret,
So deutlich war er nie belehret,
Wie sehr der äußre Schein betrüget.

Nachdem er nun mit ihrem Zeitvertreibe
Sich lange was zu gut getan,
So zeigt dem tugendreichen Weibe
Ein Donnerschlag des Mannes Ankunft an.
Ihr erster Augenblick war Schrecken,
Doch Junos fassen sich gar bald.
Ein wenig Angst in Beiden zu erwecken,
Erscheint jetzt Zeus in eigenster Gestalt.
„Glück zu, Madam! Was zeigt Ihr meinen Blicken?
Wir haben, scheint's, uns wenig vorzurücken,

Und Eure Tugend, wie ich seh',
Schmilzt, kalt und dauerhaft, wie Schnee
An fremdem Feuer in strudelndes Entzücken!
Ihr pochtet noch vor kurzer Zeit
Auf Eure Unbeweglichkeit;
Ich hätte selbst für Euch geschworen,
Kein kälter Weib sei nie geboren!
Allein, Herr Ganymed, mein Kind,
Kann besser von der Sache reden;
Beim Styx! wenn alle meine Leden
Nicht gegen Euch von Marmor sind,
So werde noch in dieser schönen Nacht
Silen an meiner statt zum Donnerer gemacht!
Jedoch im Ernst . . ." „Im Ernst, mein Herr Gemahl,
Ihr tätet wohl, die Predigt hier zu schließen.
Ich hoff', Ihr werdet meine Wahl
Bei kaltem Blut noch selber loben müssen.
Sprich, wenn man bitten darf, schickt Ganymedes sich
Für mich nicht besser als für dich?
Wer von uns kann ihn wohl mit besserm Anstand küssen!"

„Madam," versetzt ihr Zeus, „die Frag' ist überlei;
Ich sagt' Euch ja, daß seine schöne Seele
Allein der Gegenstand von meiner Liebe sei . . ."
„Ganz gut, mein Herr, es steht Euch frei
An seiner Seelen Euch nach Herzenslust zu weiden;
Ich gönn' Euch diesen edeln Trieb,
Und nehme, wie Ihr seht, bescheiden,
Mit seinem gröbern Teil vorlieb."

Kombabus

Die Tugend ist, wenn wir die alten Weisen fragen,
Ich weiß nicht was — laßt's euch von ihnen selber sagen:

Dem einen Kunst, dem andern Wissenschaft,
Dem ein Naturgeschenk, dem eine Wunderkraft;
Der Weg zu Gott nach Zoroasters Lehren;
Der Weg ins Nichts nach Xekia's Schimären.
Sie ist, spricht Pyrrho, was ihr wollt;
Und mir, schwört Seneka, noch teurer als mein Gold;
Sie ist der wahre Stein der Weisen,
Macht einen Irus reich, macht schwere Ketten von Eisen
Wie Blumenketten leicht und (was kaum Circe kann)
Den Krates zum Adon, Diogenes zum König!
„Doch wohl im Träume nur," ruft Spötter Lucian.
Der Weise von Stagyr setzt seinen Zirkel an:
„Zieht (spricht er) mitten durch zu viel und durch zu wenig
Die Linie A B, so scharf und so gerad
Ihr immer könnt! — Sie ist der nächste Pfad
Zu ihrem Zauberschloß! Nur hütet euch vorm Fallen!"

„Herr Doktor," ruft der Mann, der Alexandern bat,
Ihm aus dem Licht zu gehn, „den mögt ihr selber wallen!
Ich danke meines Orts! Wir schlendern, wo Natur
Vorangeht, mit: es geht gewöhnlich nur

107

Der Nase nach; und glitscht ihr auch zuweilen,
Was tut's! Ihr fallt doch nicht so tief wie Ikarus,
Und braucht kein Pflaster, die Rippen zu heilen."

„Getroffen!" singt, berauscht von junger Nymphen Kuß
Und altem Wein, der Weise von Cyrene,
„Die Tugend lieb' ich sehr! Sie ist die gefälligste Schöne,
Und wer sie finster malt, der ist mein Maler nicht!
Sie macht uns Vergnügen und Freude zur Pflicht,
Und deckt den Lebensweg mit Rosen . . ."
„Falsch! falsch!" ruft Prodikus, „das wär' ein feiner Weg,
Uns in den Labyrinth zu führen,
Worin (zumal berauscht) die Klügsten sich verlieren!
Im Gegenteil, es ist ein schmaler, rauher Steg,
Voll starrer Hecken ohne Rosen:
Wer's anders sagt, der kennt die Wege schlecht!"

Genug, genug, ihr Virtuosen!
Ihr habt vielleicht auf einmal alle recht;
Nur, darf ich bitten, kein Gezänke!
Der große Punkt, worin wir alle, wie ich denke,
Zusammentreffen, ist: Ein echter Biedermann
Zeigt seine Theorie im Leben.
So schön und gut sie immer heißen kann,
So wollt' ich keine Nuß um eure Tugend geben,
Wofern sie euch im Kopfe sitzt.
Warum, laßt euch den Oheim Toby sagen
Und Trim, den Korporal! — Für jetzt

Sei mir (mit allem Respekt vor euren Bärten, Kragen,
Kapuzen, Mänteln, Baretten und allem Zugehör
Der Sapienz) erlaubt, euch aus der praktischen Sphär'
Ein klein Problemchen vorzutragen!
Der Fall, geehrte Herrn, ist der:

Ein König, der den Antilibanus
Vordem beherrscht', und dessen Name
Uns nichts verschlägt, (genug, es war ein Nam' in us)
Besaß ein seltnes Glück, in seiner ehlichen Dame
Cytherens Jugend und Reiz, mit strenger Tugend vereint,
Und ein noch seltners: einen Freund.
Ein König einen Freund? Den kann kein König haben,
Sagt dort Diogenes zu Philipps großem Sohn;
Allein der unsre macht hiervon,
Zu seinem Glück, die Ausnahm' in Kombaben.

Schön, wie gesagt, und gut war seine Königin,
Im ersten Jugendglanz schon weise,
Und zärtlich überdies wie eine Schäferin;
Auch sehr devot, wie dessen zum Beweise
Euch ein Gelübde dient, wodurch sie sich zur Reise
In ein entleg'nes Reich verband,
Der Göttin, die ins Joch der heil'gen Eh' uns spannt,
Der Schützerin (doch nicht dem Muster) guter Frauen
Den schönsten Tempel aufzubauen.

Der König, ob er wohl nicht von den Jüngsten war,
Fand dies Gelübd' ein wenig sonderbar.
Er gab ihr höflich zu verstehen,
Die Sache könnte wohl durch fremde Hand geschehen.
„Mein Architekt, Madame, ist ein bewährter Mann."
„Nein, liebster Eh'gemahl! Ich muß den Grundstein legen:
Dies ist ein Punkt, wovon mich nichts entbinden kann;
An unserm Hochzeitstag gelobt' ich's heilig an.
Mein armes Herz empört sich zwar dagegen;
Doch, sollt' es auch in Stücken gehn,
Der Göttin muß und soll genug geschehn!"

Der König stellt ihr zwar noch manchen Grund entgegen,
Worauf nicht viel zu sagen war;
Auch setzte sich die Dame der Gefahr
Nicht aus, ihn schwach zu widerlegen:
Sie hatt' ein Mittel bei der Hand,
Das jede schöne Frau noch immer kräftig fand,
Die männliche Vernunft zum Schweigen zu vermögen:
Sie wurde krank. Der erste Leibarzt tat,
Mit allen seinem Amt zuständigen Grimassen,
Den Ausspruch und bewies aus seinem Hippokrat
Man müsse sie, da sei kein andrer Rat,
In Junos Namen reisen lassen.

Ein Mann, und sollt' er zehnmal König sein,
Kann, wie ihr wißt, in solchen Fällen,
Nichts bessers tun, als sich ein wenig blind zu stellen,

Und gibt mit guter Art sich, wenn er klug ist, drein.
Der unsre spielt, für einen König,
(Die Herren seiner Art genieren sonst sich wenig)
Die äußre Rolle ziemlich gut;
Doch innerlich war ihm nicht wohl dabei zumut.
So eine schöne Frau sich selbst zu überlassen!
Schon der Gedanke macht den guten Herrn erblassen;
Wiewohl die Frau die Tugend selber war,
So schien die Folge nur zu klar.

Zu viel Erfahrenheit ist ihrem Eigentümer
Oft hinderlich, zum mindsten an der Ruh'.
Ein weiser Mann von sechzig zweifelt immer,
Traut wenig eurer Weisheit zu
Und eurer Tugend nichts; — und wahrlich desto schlimmer
Für euch und ihn! Der gute König sitzt,
Indem er mit der rechten Hand die Stirne
Ganz sanft sich reibt, auf seinen Arm gestützt
In seinem Sorgestuhl. Sein königlich Gehirne
Arbeitet (eine Müh', die es sich selten gab)
Ein Mittel aus, sich Ruhe zu verschaffen.
Der Günstling selbst aus seinen Kammeraffen
Lockt keinen Blick durch seinen Scherz ihm ab.
Auf einmal ruft er einem Knaben
Im Vorgemach: „Man hole mir Kombaben!"
Kombab, sein Freund, ein junger Mann zwar noch,
Und schöner als Narciß, jedoch
Trotz allen Lockungen der Schönheit und der Jugend,

Ein junger Mann von oft bewährter Tugend,
Kombab, so denkt er, kann in diesem Fall allein
Der Schutzgeist seiner Ruh' und ihrer Ehre sein!

Kombab erscheint, und, ohne daß wir's sagen,
Erratet ihr, was ihm der König aufgetragen.
Der arme Liebling stand wie angedonnert da
Und schwieg und staunt' und hing die Ohren.
Von welcher Seit' er auch den Auftrag übersah,
Auf allen war er gleich verloren.
Allein, was kann er tun! Sein Freund, sein König spricht:
„Ich muß mich von Astarten trennen
Zwei lange Jahre, Freund! Wie dieser Augen Licht,
Du weißt es, lieb' ich sie, und muß mich von ihr trennen!
Wem sollt' ich denn, da mich die Königspflicht
Zurückzubleiben zwingt, sie anvertrauen können
Als meinem treuen Freund Kombab!
Auf deine Seele wälzt mein unbegrenzt Vertrauen
Die schwerste meiner Sorgen ab;
Dir übergeb' ich sie, die beste aller Frauen!
Sei ihr Beschützer, Freund und Rat,
Und nimm, für deine Treu' zum Lohne,
Wenn du zurück sie bringst, die Hälfte meiner Krone!"

Nun sagt, was konnt' er tun, als was er schweigend tat!
Sich tief bis auf den Boden bücken,
Und unvermögend sein, sein dankbares Entzücken
Mit Worten sattsam auszudrücken,

Versprechen, schwören, — kurz, was jeder Günstling muß,
Mit Lächeln heuchlerisch des Herzens Kummer schminken
Und fliegen, wie Merkurius,
Wenn Zens beschlossen hat, in goldnem Regenguß
In einer Nymphe Schoß zu sinken.

Kombab entfernet sich. — Wir schleichen sachte nach,
Zu hören, wie in seinem Kabinette
Der arme Mann sich mit sich selbst besprach.
Er warf sich auf ein Ruhebette
Und seufzt' und weinte laut: „O Götter,“ fing er an,
„Was hat Kombabus euch getan?
O! hätte mich der Fürst zum Günstling nie erkoren!
Nichts kann mich retten! Ach, nichts, als was Dolch und Gift,
Was jeden Tod an Grauen übertrifft!“

Hier unterbrachen Tränenfluten
Den Monolog, und da er ausgeweint:
„Mein König!“ fuhr er fort, „mein König und mein Freund,
Was tät ich nicht für dich! Mein Leben auszubluten
In diesem Augenblick, wär' eine Kleinigkeit!
Mit Freuden! Aber ach! die Tugend mit dem Leben
Zugleich für dich auf einmal hinzugeben,
Das ist zu viel!“ — Hier wird er wieder stumm.
„Doch wie! (so denkt er fort) wenn ich zu schüchtern wäre?
Ich kenne mich, ich bin ein Mann von Ehre,
Und Tugend lieb' ich stets — warum
Mir selbst so wenig zuzutrauen?

Gut! — Aber auch der Königin!
Sie ist ja wohl die beste aller Frauen,
Ist fromm und keusch wie eine Priesterin;
Doch immer — eine Frau und eine Königin;
Hat Fleisch und Blut wie andre junge Schönen
Und wird sich, sind nur erst drei bis vier Monde hin,
Von Hymens Trost nicht ohne Müh' entwöhnen.
Ein junges Weib, Kombab, und eine Königin!
Den Fall gesetzt! wie willst du dich betragen?
Verhüten willst du ihn — sehr wohl! Allein, gesetzt,
Er käme doch — denn gut dafür zu sagen,
Wer, der das Herz kennt, dürft' es wagen! —
Gesetzt demnach, du würdest hochgeschätzt,
Man fänd' unschuldiges Behagen
An deinem Umgang; nach und nach
Gewöhnt man sich, man weiß nicht wie, Kombaben
Den ganzen Tag um sich zu haben;
Man wird vertraut, man scherzt, man spielt im Schach,
Und spricht nicht stets von ernsten hohen Dingen;
Der Freundschaft öffnet sich sogar das Schlafgemach,
Man braucht sich nicht vor ihr zu zwingen,
Ihr ist kein Ort und keine Zeit
Versagt; kein Argwohn stört der Unschuld Sicherheit;
Vom strengen Wohlstandszwang befreit,
Entdeckt einst ungefähr ein Arm von Alabaster,
Ein Busen, der sich halb aus seinen Fesseln drängt,
Ein schöner Fuß sich dir; und du bliebst unversengt?
Das hätte sich selbst Zoroaster

Nicht zugetraut! Und wie, (was nur zu möglich ist)
Wenn sich die Königin vergißt;
Wenn sie dein Herz, und, kann sie dies nicht rühren,
Doch deine Sinne zu verführen,
Nichts unversuchet läßt! Was hülfen dir, Rombab,
Der längste Widerstand, die schönsten Heldentaten?
Mit jedem Siege nimmt die Kraft zum Siegen ab,
Und endlich wird dich ihr dein eignes Herz verraten.
Für dich kämpft Ehr' und Tugend nur,
Ihr helfen Schönheit, Reiz und Wollust und Natur!
Die Übermacht auf Amors Seite
Ist allzu groß in einem solchen Streite!
Und hättest du noch Kraft zum Widerstehn:
Wirst du sie ungerührt in Tränen schwimmen sehn?
Ich kenne dich zu gut: Du wirst, zu ihren Füßen
Hinsinkend, jede Trän' aus ihren Augen küssen,
Wirst, voll des süßen Gifts, wovon ihr Auge schwillt,
Dein wallend Herz an ihren Busen drücken
Und außer ihr nichts fühlen, nichts erblicken!
Und dann . . .? O rettet mich, ihr Götter!" rief er wild,
Und floh schon vor sich selbst, wie einer, der vom Schrecken
Des bängsten Traums erweckt, sich ringsum eingehüllt
In Flammen sieht, die seine Haare lecken.
Und nun, setzt euch an seine Stell',
Ihr Epikteten, ihr Sokraten,
Und wie ihr alle heißt! was ist dem Mann zu raten!
Was tätet Ihr? Setzt euch an seine Stell',
Und sprecht! — Don Robert Arbrissel,

Wir wissen's, war bei weitem nicht so schüchtern.
Was wir berauscht nicht wagten, wagt' er nüchtern,
Und merket wohl, er war kein Maleficiat.
„Was tat denn Robert?" — Was er tat!
Man spricht nicht gern davon; doch könnt ihr Baylen fragen,
Genug, Kombab, der nur ein armer Syrer war,
Und doch, erlaubet mir's zu sagen,
Die Tugend liebte, gab nicht gern sich in Gefahr;
Und in der Tat, nicht alle dürfen wagen,
Was Kinderspiel für Bruder Robert war.

Ich scherze nicht; ihr Virtuosen, ratet!
Ihr seht Kombabs Verlegenheit.
Vergeßt jetzt — was ihr selber tatet;
(Wer zweifelt, daß ihr Menschen seid?)
Sagt nur: Was soll in seiner Lage
Kombabus tun, um außer Furcht zu sein,
Im schwächsten Augenblick von einem schwarzen Tage
Nicht Keuschheit, Treu' und Freundschaft zu entweihn?
Die Frage, glaubet mir, ist keine leichte Frage!

Fliehn soll er, ist der Rat des Klügsten unter euch;
Der Tugend Streit mit Liebe, Lust und Jugend,
Ist, ihr gesteht's, zu wenig gleich;
„Die Flucht allein gewährt uns unsre Tugend."
Gut, das ist leicht gesagt: doch, wär's auch leicht getan,
Zum Unglück schlägt der Rat in unserm Fall nicht an.
Dem armen Mann verwehrt die Pflicht zu fliehen,

Verwehrt die Treu' für seinen Freund und Herrn,
Sich dem gefährlichen Beruf (so gern
Er ihn verbäte) zu entziehen.
Er muß! — „Wohl," ruft aus einem Mund
Der Kasuisten Chor, „so mach' er einen Bund
Mit seinen Augen und wag's!"—Auch das ist schön zu sagen;
Allein Kombab, der sich vermutlich fühlt'
Und nichts auf Wagespiele hielt,
Kann auch die Möglichkeit des Fallens nicht ertragen.
Am schwankenden Erfolg von einem Augenblick
Hängt seine Ruh', sein Ruhm, sein ganzes Glück,
Sein Leben selbst; denn freilich, wenn er fiele,
Steht nicht Geringers auf dem Spiele.
Der Neid im Hinterhalt, die schlaue Eifersucht
Hält tausend Augen auf ihn offen;
Wie könnt' er seines Lasters Frucht
In Ruhe zu genießen hoffen?

Allein, gesetzt auch, daß um sie
Der Liebesgott die dickste Wolke zieh',
Ihr Glück so lang als ihre Flamme daure,
Und Argus selbst vergebens sie belaure:
So lauscht ein Zeuge, den er nicht
Betrügen kann, in seinem Busen.
Ihn schreckte weniger das tötende Gesicht
Der schlangenhaarigen Medusen!
Was hülf' es ihm, die Welt zu hintergehn,
Wenn er erröten muß, in sich hineinzusehn?

In dieser äußersten Gefahr
Stellt seinem Geiste sich ein einzig Mittel dar.
Es ist entsetzlich auszusprechen,
Allein es sichert vor Verbrechen.
Er geht nicht erst mit Fleisch und Blut zu Rat;
Tief seufzend wendet er die Augen, nicht zu sehen,
Was seine Hand beginnt. . . . Sie ist, sie ist geschehen,
Die heldenmütige, die große, schöne Tat!

Ihr, die ein rascher Schwur verpflichtet,
Die schönste Sünderin begierlos anzusehn,
Seht, welchen Zoll Kombab der Tugend hier entrichtet!
Und müsset ihr euch selbst gestehn,
Dies sei der nächste Weg, dem Satan auszuweichen,
So gehet hin und tut desgleichen!

Indessen läuft der Sand der Abschiedsstunde ab.
Kombab beurlaubt sich. Astartens Tugend spielet
In vollem Glanz. Antiochus empfiehlet
Die Dame seinem Freund. Auf einmal ruft Kombab:
„Beinahe hätt' ich was vergessen!"
Er fliegt davon und kommt im Augenblick
Mit einem Kästchen im Arme zurück.
Er fällt dem Herrn zu Fuß: „Darf sich dein Knecht vermessen,
Noch eine Bitte zu tun! Dies Kästchen, Herr, enthält
Das Kostbarste von allem in der Welt,
Was dein Kombab besaß. Um sicher es zu wissen,
Leg' ich es hier zu meines Königs Füßen.

Drück' ihm dein Siegel auf, und gönn ihm einen Platz
In deinem königlichen Schatz.
Dort mög es, bis ich einst es wieder fordre, liegen!"

Der König schwört bei seinem grauen Bart,
Es soll den besten Platz in seinem Schatze kriegen;
Und in Rombabens Gegenwart
Drückt er sein Siegel auf. Mit vielen Tränengüssen
Entreißt Astarte nun sich seinen Abschiedsküssen,
Kehrt zehnmal wieder um, läßt ihr getreues Herz
Nur einmal noch an seinem Herzen schlagen,
Und wird zuletzt, halb tot vor Schmerz,
In ihren Palankin getragen.

Nach dreien Monden kam die hohe Karawan'
An Ort und Stelle glücklich an.
Der Bau beginnt und geht so gut von statten,
(Dank sei Rombaben, der das ganze Werk regiert)
Daß, eh' das zweite Jahr ins dritte sich verliert,
Sie nur den Wetterhahn noch aufzusetzen hatten;
Und gleichwohl schien's ein Werk von Göttern aufgeführt.

Astarte bleibt, wie zu erachten,
Von unsers Helden Wert nicht lange ungerührt.
Verdienst und Tugend hochzuachten,
Ist eine Eigenschaft, die ihresgleichen ziert.
Sein inneres Verdienst entbehrt zwar leicht Verstärkung
Von außen her: allein, da man ihn täglich sieht,
So macht (wiewohl sie sich's zu leugnen sich bemüht)

Ihr Auge doch allmählich die Bemerkung,
Kombab, der unvermerkt das Herz ihr abgewann,
Sei nicht der beste nur, sei auch der schönste Mann;
So schön, so tadellos vom Kopf bis auf die Füße,
Daß, hätt' ein Bildner je dies Ideal erreicht,
Er ohne Widerspruch der erste Künstler hieße,
Und jede Göttin ihr verzeihenswürdig däucht,
Die sich von ihm ein wenig lieben ließe.
Und bei so seltnem Reiz, ein Herz
So gut, so sanft, so edelmütig!
Sein Witz so leicht, so fein sein Scherz!
Kurz, eines fehlt ihm nur: er ist zu ehrerbietig.
(Doch, wie ihr seht, wird dieser Vorwurf ihm
Durch Blicke nur gemacht) — Man soll in Schranken bleiben:
Allein die Schüchternheit so weit wie er zu treiben,
Ist grillenhaft. Ein wenig Ungestüm
Ist eher Reiz an Leuten, die ihm gleichen,
Als Übelstand. Was braucht er auszuweichen,
Wenn ihre Augen sich begegnen! Fürchtet er
Die ihrigen? Die Antwort war nicht schwer:
„Er liebt, der arme Mann, und kämpft mit seinen Trieben!"
Und wenn er liebt, wen kann er lieben
Als eine Göttin, oder — sie?
Wie könnt' es anders sein? Er, der sie spät und früh
Zu sehen Anlaß hat, wie wär' er frei geblieben?
Dies klärt ihr alles auf. Er hat den Mut noch nicht,
Sich sein Geheimnis zu gestehen,
Und wird das Opfer seiner Pflicht.

Daher der Zwang, sie nur verstohlen anzusehen,
Das Seufzen, das ihm statt des Atmens ist,
Die Schwermut seines Blicks, die Blässe seiner Wangen;
Daher die Wolken, die, so bald er sich vergißt,
Um seine schöne Stirne hangen.

Der Irrtum war Astarten zu verzeihn.
Man mußt', um richtiger zu schließen,
Nur in Kombabs Geheimnis sein.
Uns, die wir mehr als sie von seinen Sachen wissen,
Ist alles klar. Allein, der Orden, den er ziert,
Wird billig niemals präsumiert.
Sie wußte übrigens, daß die Semiramissen
(Gleich den Göttinnen) sich, wenn sie ein Schäfer rührt,
Zum ersten Schritt entschließen müssen;
Zum zweiten, dritten oft, wofern der Seladon
Vor seinem Glück die Augen zuzuschließen
Beharrt. In diesem Stück muß eine Göttin schon
Den Fehler ihres Standes büßen.
Indessen gibt's der Wege ja genug,
Was man zu sagen hat, mit guter Art zu sagen.
Man braucht sich eben nicht gleich förmlich anzutragen:
Ein Mann von Lebensart, zumal bei Hof, ist klug
Und in der Redekunst der Augen wohl geübet.

Allein beim unsrigen ist alles, was ihr Blick
In dieser schönen Sprach' ihm zu vernehmen gibet,
Verloren. — „Wunderbar! Was hält ihn noch zurück!

Er weiß doch ſonſt ſo gut zu leben;
Und dächt er nur ein wenig fein,
So würd' er ſelbſt befliſſen ſein,
Der Schritte ſie zu überheben,
Die eine Frau ſich ſelber zu vergeben,
Stets Mühe hat, wobei er nichts gewinnt,
Und die für ſie ſo wenig rühmlich ſind."
Schon ſpricht ſie deutlicher. Jetzt muß er's doch verſtehen!
Man iſt ſehr blind, nicht durch ein Sieb zu ſehen.
Wenn eine Königin euch Blicke gibt wie ſie,
Die Hand euch drückt, von nichts als Sympathie
Und von der Liebe, die vom Willen
Nicht abhängt, ſpricht, — für ſehr natürlich hält,
Daß eine Göttin, wenn auf dieſer Unterwelt
Ein Cephalus, ein Acis ihr gefällt,
Sich kein Bedenken macht, den ſüßen Trieb zu ſtillen:
Ich ſage, wenn ſie euch ſo weit entgegengeht,
Und ihr ſie dann noch nicht verſteht,
So müßt ihr — wütende Diſtraktionen haben!

Dies war nun freilich bei Kombaben
Die Sache leider nicht; allein,
Aſtarte konnte das nicht wiſſen.
An ihrem Platz, was kann ſie ſchließen,
Als: eine andere müſſ' im Beſitze ſein!
Von dieſem Augenblick wird jede ſeiner Mienen,
Wird jeder Tritt belauſcht und ausgeſpäht:
Kein wiederkommender Komet

Beschäftigt mehr die wachenden Raffinen.
Ein Finger, den er regt, erweckt ihr schon Verdacht.
Man weiß, wie scharf verliebte Augen sehen,
Wenn Eiferfucht fie mikroskopisch macht.
Kein Zauberschatz wird wie Kombab bewacht.
Doch endlich wurde man es müde — nichts zu sehen.

Astarte, deren Glut jetzt wieder Luft bekam,
Zu ihrer erften Hypotheſe
Zurückzugehn genötigt, glaubt, fie leſe
Ganz klar in feinem Gefiht, daß nichts als falſche Scham
Die Urſach' fei, warum er fich fo link benahm.
Ein Paſtorfido ift das blödſte aller Weſen.
Sie fieht, es braucht, den Zauber aufzulöſen,
Was Außerordentlichs, und, ihrer beider Ruh'
Zulieb', entſchließt fie fich, wiewohl nicht gern, dazu.

Was bald darauf im Kabinette
Der Königin mit ihr und unſerm Freund Kombab
Sich, dieſem Schluß gemäß, begab —
Es gäb ein feines Nachtſtück ab,
Wofern ich Luſt zum Malen hätte!
Genug, es war ein Sofaſtück,
Und (wenn ihr euch fo weit zurück
Erinnern könnt) Aurora fpielt' einſt völlig
Aftartens Rolle, nur mit etwas beſſerm Glück.
Denn ach! Kombabens Stand macht alles hinterſtellig,
Wodurch man (ohne fich zu ſchmeicheln) hoffen kann

Zu siegen über einen — Mann.
Kombabus! — In der Tat die Lage,
Worin er war, empöret die Natur.
Auch fühlt er (was ich euch nicht ohne Röte sage)
Nicht für Astartens Tugend nur:
Ach, für ihn selbst gehn seine Augen über!
„O Tugend," ruft er aus, „welch Opfer bracht' ich dir!
O! warum nahm ich mir nicht lieber
Das Leben ganz, als ich Betrogner mir —
Ach Königin! wie soll, wie kann ich dir
Gestehn, was dein Kombab sich raubte?"
Er sah verwildert aus, indem er's sprach. Ein Schrei
Entfuhr der Königin; sie glaubte,
Daß von der Nymphenwut Kombab ergriffen sei.
Allein sie wurde bald aus dieser Angst gerissen.
Wie außer sich sinkt er zu ihren Füßen,
Umarmt und drückt, was seinen feurigen Küssen
Am nächsten lag, ihr allzu reizend Knie —
Und wie Astart aus einer Ekstasie,
Die ihr allmählich sich verschönerndes Gesichte
Mit Wonnelächeln übergießt
Und wie zu süßem Tod ihr schönes Auge schließt,
In seinem Arm zurückgekommen ist,
Erzählt der arme Platonist
Von seinem Heldentum die klägliche Geschichte.

Die Schwachheit, die er uns gezeigt,
Macht ihm (ich seh's an ihrem Achselzücken)

Die nichts verzeihenden Catonen ungeneigt.
Mein Held verliert in wenig Augenblicken,
Was noch vielleicht an seiner Tat
verdienstlich war. — Wer schafft für alles Rat!
Ich lasse der Natur gern ihre kleinen Mängel;
Und freilich macht ein Schnitt noch keinen Engel!

Wie dem auch sei, Kombab gewann
Bei seiner Königin, was er bei euch verlieret.
Sie sah, indem er sprach, aufs innigste gerühret,
Mit Wehmut ihn und mit Bewundrung an.
„Zwei Jahre lang dich täglich sehn und hören,
Astarte, ganz Gefühl für deine Reize sein,
Und nicht abgöttisch dich verehren? —
Ich kannte mich! und, wirst du mir verzeihn,
Wenn ich's gesteh': Auch deinem schönen Herzen
Traut' ich zu viel Empfindung zu,
Um ungerührt zu sein bei meinen stummen Schmerzen.
Und konnt' ich, Schönste, deine Ruh'
Zu teu'r erkaufen ...?" Mehr zu sprechen,
Vermag er nicht; sein volles Herz muß brechen,
Muß brechen oder sich an ihrer schönen Brust
In einen Tränenstrom ergießen.
Sie selbst vergißt, der schmerzlich süßen Lust
Zu widerstehn, drückt ihn an ihre Brust,
Versagt sich nicht die Wonne zu genießen,
Geliebt zu sein, die jeden Schmerz versüßt!
Zu grausam wär' es, ihm den einz'gen Trost zu wehren,

Den schwachen Trost unaufgehaltner Zähren,
Worin ihr Herz in seines überfließt,
Und, süß betäubt von einem Strom von Küssen,
Vergißt, daß etwas sei, das sie entbehren müssen.
Astarte reicht ihm ihre schöne Hand;
„Dies," spricht sie, da sie endlich seinen Küssen
Sich sanft entzieht, „dies sei das Unterpfand
Der Zärtlichkeit, die dir mein Herz gestand,
Eh' ich, wie sehr du sie verdientest, konnte wissen!
Und wenn dies Herz, wovon du König bist,
Zum Glück dir so genug wie mir das deinig ist:
O! so genieß den Trost, dich so geliebt zu sehen,
Wie noch kein Sterblicher, wie kein Endymion,
Kein Cephalus, kein Attys, kein Adon
Geliebt sich sah! — Jetzt darf ich dir's gestehen:
Die Großtat, der du dich erkühnt,
Gestattet mir, untadelhaften Trieben
Mich ganz zu weihn, erlaubt mir, dich zu lieben,
Wie nur Kombab geliebt zu sein verdient."

Sie sagten sich noch viele schöne Sachen,
Die auf den Leser nicht den hohen Eindruck machen
Wie auf sie selbst, und die wir übergehn.
Indes erröt' ich nicht, ganz laut es zu gestehen,
(Die Rigoristen mögen sagen,
Was ihnen wohl gefällt) ich finde das Betragen
Der Königin in diesem Falle schön.

126

Aftarte fucht' und fand in ihrem Herzen
Und feinem Geift, in feinem Unterricht,
Oft auch in leichten muntern Scherzen
Erfatz für — etwas, das (zum mindften, wenn die Pflicht,
Es heiligt) Spröde felbft nicht allzu gern entbehren.
Wenn jemand fähig ift, ihr folchen zu gewähren,
So ift's Rombab. Denn von den höchften Sphären
Bis zum Atom herab ift nichts, wovon er nicht
Wie Salomon und Trismegiftus fpricht,
Auch bringt die Königin
Oft halbe Sommernächte
An feiner Seite hin,
Bedient fich ohne Zwang der Rechte,
Die ihr fein Zuftand gibt, und kurz, behandelt ihn,
Als wären fie von einerlei Gefchlechte.
Oft fitzen fie zur Stunde, da der Weft
Die Mittagsruh' in Florens Arm verläßt,
Allein in wilden Sommerlauben,
Sehr unbeforgt, was wohl davon die Leute glauben.
Und in der Tat, es ift den Leuten zu verzeihn.
Man hüllt vergebens fich in feine Unfchuld ein;
Die Welt erkennt die Tugend nur am Schein.
Wer hätt' ein paar Figuren ihrer Gattung,
So jung, fo liebenswert, fo fchön,
In eines Myrthenftrauchs fanft dämmernder Umfchattung
Nicht für Adon und Venus angefehn?

Bei Tage gings noch hin. Doch halbe Sommernächte,
Und stets allein, mit einem schönen Mann!
Mit einem Mann allein! „Nun in der Tat, was man
Einander Nächte durch zu sagen haben kann,
Ist was ich wohl einmal erfahren möchte!"
„Madame, es käm' auf eine Probe an,"
Versetzt der junge Herr „die kurzen Sommernächte
Entschlüpfen leicht; man liegt in freier Ruh'
Auf Blumen, hört den Nachtigallen zu,
Und dies und das —" So scherzen im Vertrauen
Die Höflinge, die Kammerfrauen.
Man kennt die Vögel am Gesang.
Dies Antischambervolk urteilet gern vermessen.
Gesetzt, die Königin sei oft ein wenig lang'
Bei ihrem Mentor aufgesessen,
Entschuldigt dies auch nur den leisesten Verdacht?
Man kann so leicht sich im Gespräch vergessen!
Und in der Tat ist einer schönen Nacht
Zum Staunen, zum Philosophieren,
Nichts anders gleich! Sie ist dazu gemacht,
Die Seelen unvermerkt den Leibern zu entführen;
Zumal wenn Lunens Schein, wie eine neue Welt
Von Schatten, welche kaum den äußern Sinn berühren,
Elysiums echtes Bild uns vor die Augen stellt,
Und über uns, bei unbewölktem Himmel,
Der Sterne prächtiges Gewimmel
Den angezognen Geist mit stolzer Ahnung schwellt.

Aſtarte fand unendlich viel Behagen
An Nächten dieſer Art; indeſſen manchem Freund
Der Augenblick, dem König anzuſagen,
Wie ſeine Königin mit ihrem ſchönen Freund
Die Nächte braucht, unendlich langſam ſcheint.

Er kommt zuletzt. Der Bau iſt nun vollendet,
Der Tempel eingeweiht, die Prieſterſchaft dotiert
Und, weil man nichts, was ſich gebührt,
Vergeſſen will, das dritte Jahr geendet.
Der König, dem, ich weiß nicht was, oft ſchwer
Ums Herze macht, betreibt den Rückzug ſehr.
Nicht daß er ſich die Zeit indeſſen nicht vertrieben!
Man weiß ja, große Herren lieben
Veränderung; und wohl bekomm's den großen Herru!
Die Kleinen haben ſie trotz ihrer Kleinheit gern.
Genug, der Rückzug läßt ſich länger nicht verſchieben;
Uud ſeiner Majeſtät zu melden, wie beglückt
Die Reiſe ſei, wie heftig das Verlangen,
Die königlichen Knie bald wieder zu umfangen,
Wird einer vom Gefolg dem Zug vorangeſchickt.
Man glaubte zwar, den Beſten auszuwählen,
Doch war es ſchwer, den Schlimmſten zu verfehlen.
Vergebens war Kombab ein Menſchenfreund
Und ſtets bemüht, ſich alle zu verbinden:
Ein Günſtling hoffe nicht Erkenntlichkeit zu finden!
Sobald ein böſer Stern erſcheint,
Iſt, wer durch ſeinen Fall gewinnen kann, ſein Feind.

Merkur mit Flügeln an den Sohlen
Vermöchte nicht, den Höfling einzuholen;
So groß ist die Begier, aus pflichtgemäßer Treu'
Dem alten König zu berichten,
Wie nah' Kombab mit ihm verschwägert sei.
Wißt ihr, wie Höflinge in solchen Fällen malen?
Die Farben werden nicht dabei
Gespart, das glaubet mir! Mit seinem Kopf bezahlen
Will er, wofern er nur ein Wörtchen mehr gewagt,
Als was Astartens Hof aus einem Munde sagt.

Der König sträubt sich sehr; so groß war sein Vertrauen
Zu seinem Freund, zur besten aller Frauen!
Er krümmt und windet sich, bis er gezwungen weicht;
Denn, ach! nur nicht so viel als ein Vielleicht
Macht seine Überzeugung wanken;
Er kann ihm nicht entfliehn, dem schrecklichen Gedanken!
„Betrogen," ruft er aus und sinkt betäubt dahin,
„Von meinem Freund, von meiner Königin!!"

Ein Kerker schließt, sobald sie angekommen,
Astarten und den Günstling ein.
„Welch' Ärgernis! So kann der Schein
Der Tugend uns belügen!" schrein
Aus einem Ton die Spröden und die Frommen.
Den Schlangen, die die Welt von Anbeginn verführt,
Der Schönheit und dem Witz, den Stiftern alles Bösen,
Wird, wie es sich gebührt,

Der Text dabei gelesen.
Die Häßlichkeit (die freilich nicht verführt)
Ist mächtig stolz, ihr Antlitz zu erheben,
Das Gegengift der bösen Lust;
Und Dummkopf lobet Gott aus voll geschöpfter Brust,
Der, was an Witz ihm fehlt, ihm an Verstand gegeben.

Indessen fährt der König fort,
Die Schar der Zeugen zu verhören,
Und hundert Augenzeugen schwören,
Man sah sie tausendmal allein, wenn Zeit und Ort
Die Sache sehr verdächtig machten:
Man sah sie einst sogar (wiewohl am längsten Tag)
In einem Gartenzelt beisammen übernachten.
Was sie getan, ist — was man schließen mag!
Denn freilich konnte man so nah hinzu nicht gehen,
Um alles auf ein Haar zu sehen;
Genug, die Wahl von Zeit und Ort
Ließ, was davon zu denken sei, verstehen.

Zum Unglück muß von Wort zu Wort
Kombab dies alles eingestehen.
Er leugnet nichts; nur bleibt er stets dabei,
Daß seine Königin dem königlichen Bette
Getreu und rein wie eine Lilie sei,
Und daß er sich nichts vorzuwerfen hätte.
Doch bessert dies der Sachen Mißgestalt?
Der Zeugen Harmonie, sein eigenes Bekenntnis

9*

Beweiſt ein ſträfliches Verſtändnis
Nur allzu ſtark. Der Urteilsſpruch erſchallt:
Man überliefre ſie der rächenden Gewalt.
Ein ſchwarz behängtes Blutgerüſte
Erwartet dich, Kombab, und die gerechte Wut
Des Königs lechzt nach ſeines Günſtlings Blut.

„Der Schein iſt wider mich,“ ſpricht mit gelaſſ'nem Mut
Das Opfer ſeines Grimms, „was kann ich tun als ſchweigen?
Doch ſchuldlos ſtirbt Kombab: Dies tröſtet mich! Und du,
Mein König, wirſt, zu meines Schattens Ruh',
Was gegen eine Welt voll Zeugen
Aſtartens Unſchuld dir und meine Redlichkeit
Beweiſen kann, in jenem Käſtchen fiuden,
Das ich — erinnre dich's, o Herr — im Reiſekleid
Dir übergab. Ich bin zum Tod bereit
Und ſuche nicht aus Furcht mich loszuwinden.
Allein, wenn Wort und Schwur auch einen König binden,
So fordr' ich hier Gerechtigkeit!
Du ſchworſt, o Herr, bei deinem Leben,
Mein Käſtchen unverſehrt mir einſt zurückzugeben:
Jetzt iſt es Zeit, wink' es herbei!“

Der König ſtutzt. Ein allgemein Geſchrei
Des Volkes fordert ohne Säumen
Des Käſtchens Gegenwart. Man riet, was drinnen ſei;
Allein das Wahre ließ ſich keine Seele träumen.

Der König winkt. Das schon gezückte Schwert
Starrt in des Würgers Hand. Bald wird das Kästchen kommen!
Es kommt, es kommt! Ein Todesschauer fährt
Durch jedes Herz, Kombabens ausgenommen.
Der König nimmt es selbst in seine eigne Hand,
Besieht es um und um, und sieht's im alten Stand,
Die Fugen ganz, das Siegel unversehrt.

„Erinnre dich," spricht jetzt Kombab,
„Als ich's, o Herr, dir übergab,
Sagt' ich: mein Kostbarstes befinde sich darin.
Jetzt sag' ich: im gewissen Sinn
Mein Schlechtestes! Und doch erklär' ich hier zugleich,
Ich nähme nicht dein ganzes Königreich,
Daß, was du finden wirst, nicht wäre drin gewesen."

Das Rätsel sich und allen aufzulösen,
Eröffnet es der Fürst und, wie vom Blitz gerührt,
Steht er und glaubt durch Zauber sich betrogen.
Denn, siehe! von Kombabens Unschuld wird,
In Byssus eingehüllt und köstlich balsamiert,
Der unverwerflichste Beweis hervorgezogen!

Nie stand, seitdem die Welt sich um die Pole dreht,
Ein Mann betroffner da, als Seine Majestät;
Und dennoch fehlt noch was, ihn ganz zu überzeugen.
Kombab errät's und macht vorm Augenschein
Die innerlichen Zweifel schweigen,

Die gegen seinen stummen Zeugen
In manche Zirbeldrüse steigen.
Der Unglaub' selbst gestand jetzt seine Unschuld ein!
Drauf wirft er sich dem Könige zu Füßen,
Erzählt der Länge nach, aus was für weisen Schlüssen
Er sich nach langem Kampf (weil er, was nun geschehn,
Nur gar zu wohl vorher gesehn)
Zu dem entschlossen, was wir wissen.
Beredter als ein Demosthen
Sprach unser Held, nicht ohne helle Zähren
Zu weinen, dergestalt, daß allen, die ihn hören,
Und selbst dem Könige die Augen übergehn;
Wie dies, und was wir sonst aus Gründen überschlagen,
Von denen, die dazu Belieben tragen,
Bei Lucian de Dea Syria
Zu lesen ist. — Nun hört, was noch geschah!

Der König hebt mit zärtlichem Erbarmen
Den Liebling, wie's noch keinen gab
Und keinen geben wird, den treuen Freund Kombab
Vom Boden auf, hält ihn in seinen Armen
Und bittet ihm mit Tränen ab
Das Unrecht, das er ihm, vom Anschein hintergangen,
Getan, (auch soll dafür sein Kläger billig hangen!)
Und kurz, der würdige Kombab
Nimmt, zum Vergnügen aller Leute,
Den alten Platz an seines Königs Seite.
Auch bei Astarten geht er kühnlich aus und ein,

Und darf bei Tag und Nacht, bei Mond= und Kerzenschein,
Mit fremden Zeugen und allein,
Im Kabinett, im Garten und im Hain,
Ja, auf dem Sofa selbst, ihr Zeitvertreiber sein.

Die ganze Schar der Höflinge bedachte
(Nicht ohne Neid) die Gunst, die ihm ein Opfer brachte,
Das manchem in besagter Schar
Nicht halb so schwer zu machen war.
Die Wut, sich zu kombabisieren
Ergriff sie insgesamt. In kurzer Zeit bestand
Der ganze Hof aus einer Art von Tieren,
Die durch die Stümmlung just das Einzige verlieren,
Um dessentwillen man sie noch erträglich fand.

Lightning Source UK Ltd.
Milton Keynes UK
UKHW010901231118
332790UK00007B/337/P